U0586395

名教师工作室建设

与教师专业化发展的实践研究

李启云 / 著

中国出版集团　现代出版社

图书在版编目(CIP)数据

名教师工作室建设与教师专业化发展的实践研究 /
李启云著. 一北京：现代出版社，2021.7

ISBN 978-7-5143-9365-1

Ⅰ. ①名… Ⅱ. ①李… Ⅲ. ①中小学—教学研究②中
小学—师资培养 Ⅳ. ①G632.0②G635.12

中国版本图书馆CIP数据核字（2021）第146326号

名教师工作室建设与教师专业化发展的实践研究

作　　者	李启云	
责任编辑	窦艳秋	
出版发行	现代出版社	
地　　址	北京市安定门外安华里504号	
邮政编码	100011	
电　　话	010-64267325　64245264	
网　　址	www.1980xd.com	
电子邮箱	xiandai@cnpitc.com.cn	
印　　制	北京政采印刷服务有限公司	
开　　本	710mm×1000mm　1/16	
印　　张	11.75	
字　　数	188千	
版　　次	2021年7月第1版　2021年7月第1次印刷	
书　　号	ISBN 978-7-5143-9365-1	
定　　价	45.00元	

版权所有，翻印必究；未经许可，不得转载

目录

第一章

名教师工作室建设概述

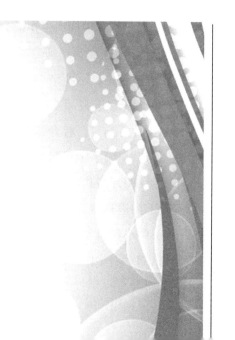

第一节　名教师工作室的产生与发展

现代教育事业的发展变革使得名教师工作室成为教师职后教育的新形式，这一阶段，也对教师专业化水平提出了更高的要求。由于现有的培养方式无法完全适应当代教师发展的实际需求，名教师工作室应运而生，成为名师培养、团队创建的重要途径。

20世纪80年代后，在英、美两国的倡导下，西方国家首先在教师教育方式上提出变革。与传统教师教育范式相比，新的教师教育范式无论是课程目标的设定，还是课程的规划，抑或教学形式与组织管理等方面，都与以往截然不同。仅就教学组织的形式来看，新的教师教育方式要求将教师的培养放置在多种专业共同体中。所以，依托这一国际背景，不同的学者针对实际情况提出了多种关于教师专业发展组织的构想，如同伴指导组织、同组互助观课以及同事教学小组等，这些构想使得教师的成长拥有了更好的平台，使得国外基础教育教师的专业性更强，但此构想并未给专家型教师提供相应的发展途径。

为了更有效地推动教师专业成长，我国在借鉴国外教师专业学习共同体这种模式的过程中，不断结合自身实际，通过一系列国家教育政策的颁布与实施，逐渐探索出以名教师工作室为核心的骨干教师培养的新模式。

1998年12月24日，教育部发布《面向21世纪教育振兴行动计划》，明确提出实施"跨世纪园丁工程"，大力提高教师队伍素质，其中包括省级10万名和地（市）级100万名共110万名中小学骨干教师选拔、培训的庞大计划。经省级教育行政部门遴选确定、纳入"跨世纪园丁工程"的10万名（中学5万名，小学5万名）中小学骨干教师，其中1万名参加国家级培训，其余9万名参加省级培训。考虑到我国中小学教师数量大，且存在地区差异，地（市、州、盟）

级教育行政部门可以根据"跨世纪园丁工程"的10万名中小学骨干教师培训的精神，遴选确定100万名（中学30万名，小学70万名）中小学骨干教师组织地（市）级培训。由此，以提高中小学教师队伍整体素质为目的的各级"名师工程"（名教师工作室）在全国范围内启动，开始作业。而名师工程作为促进教师知识与技能发展的一条新的途径，开始了实践尝试。

2000年9月8日，上海市卢湾区教育局印发《中共卢湾区教育局委员会卢湾区教育局关于建立"名师、名校长工作室"的通知》。这一文件的出台，标志着教育系统"名师工作室"（广东省称为"名教师工作室"）这一新生事物正式面世，这也是目前可查国内最早设置的名教师工作室。随后，上海其他区（县）也相继成立了区级"名教师工作室""学科首席教师工作室""优秀青年教师协作指导组"等优秀教师培养团队。

2001年6月，国务院在全国基础教育工作会议上提出"要培养一大批教育教学工作中起骨干、示范作用的优秀教师和一批教育名师"的要求。2002年，教育部发布《中小学教师队伍建设"十五"计划》，明确提出教师队伍建设的目标之一就是培养和造就教育名师，充分发挥其典型示范和辐射作用，推广其研究成果及成功经验，带动中小学教师队伍整体素质的提高。

在此期间，江苏、山东、福建、安徽、河北等地教育行政部门也相继出台《名教师工作室发展、建设与管理的办法（试行）》等文件，对名教师工作室的基本性质、建设目标、工作重点、组织建构、基本职责、保障机制等做出相应规定，名教师工作室的相关机制得以逐步完善，具备了明显的组织特征。

在名教师工作室的探索取得了一定的成功后，我国很多地方如北京、重庆、杭州、昆明等依据教育发展的实际情况，建立了不同层次、不同类型的名教师工作室。这些名教师工作室既超越了"师傅带徒弟"、传统的学校集体备课等教师成长模式，又顺应了知识及学习的社会性特征，进而实现了教师专业发展从"主体性"向"主体间性"的转变，并充分发挥了区域性名师所积聚的资源优势。这种实践不仅为名师自身发展提供了更为广阔的教学、科研空间，而且为引领其他教师成长提供了较为现实的平台。

2010年，教育部发布的《国家中长期教育改革和发展规划纲要（2010—2020年）》再次指出："建设高素质教师队伍。教育大计，教师为本。有好的教师，才有好的教育。提高教师地位，维护教师权益，改善教师待遇，使教师成为受人尊重的职业。严格教师资质，提升教师素质，努力造就一支师德高尚、业务精湛、结构合理、充满活力的高素质专业化教师队伍。""提高教师业务水平。完善培养培训体系，做好培养培训规划，优化队伍结构，提高教师专业水平和教学能力。通过研修培训、学术交流、项目资助等方式，培养教育教学骨干、'双师型'教师、学术带头人和校长，造就一批教学名师和学科领军人才。"

2013年，教育部颁布的《教育部关于深化中小学教师培训模式改革　全面提升培训质量的指导意见》进一步指出：改进培训内容，贴近一线教师教育教学实际；转变培训方式，提升教师参训实效；强化培训自主性，激发教师参训动力。2014年，教育部启动了"卓越教师培养计划"，印发了《教育部关于实施卓越教师培养计划的意见》，明确提出"分类推进卓越教师培养模式改革，全面提升教师培养质量"的建议。

名教师工作室通过搭建工作室平台、挖掘名师资源，提高在职教师教育教学水平，带动教师队伍的专业化发展，从而达到整体推动教学改革、促进教育均衡发展的目的。作为一种促进教师专业发展的新机制，同时也是"名师工程"的运行载体，名教师工作室在全国范围内逐渐铺开。

第二节 名教师工作室的职责与定位

一、名教师工作室认知

随着对教育的深入了解，人们对名师又有了新的要求：理论有思考，科研有成果，领域有影响，起到引领示范作用。具体到内容，我们会发现名师的一节好课，一定是较好地落实了教学目标、师生互动充分有效、教学评价科学高效的课堂。无论是家长从孩子学业上的效果评价，还是学校从教学上的专业评价，名师的课堂都能获得较高评价。当到达某一阶段后，名师需要把自己所做的教学成果升华到理论的高度，从科研方面做出成果。如同金字塔一样，由下而上，层层推进，每一步都走得扎实，才能走好下一步。

简言之，名师是指在某区域范围内具有一定知名度和影响力的教师，具有高尚的师德及人格魅力、先进的教育思想理念、精湛的教学工作能力、专家型的教育研究眼光、高度的示范性和较强的影响力，对团队具有较强的带动和引领作用。

（一）成立名教师工作室的条件

下面我们将从工作室的决定单位、工作室成立的地点以及工作室成立应具备的条件三个方面展开论述。

（1）工作室的决定单位。名教师工作室的确立因其级别不同，其决定单位也相应不同，简单来说，名教师工作室不同的级别由不同的行政单位决定。例如，校级名教师工作室由学校决定，市级名教师工作室由市教育局决定，省级名教师工作室由省教育厅决定。但是，从有利于名教师工作室建设与发展的角度来看，名教师工作室的各种活动不应受行政单位的局限，各级名教师工作室应打破行政壁垒，吸纳本地区或其他地区各级优秀名师、名专家及优秀骨干教师加盟，为本工作室的特色、品牌建设与本校、本地区教师专业化的快速、高质量发展提供优质的人才支撑及成功经验、科学决策所借鉴。

（2）工作室成立的地点。名教师工作室的成立需要有独立的主持人办公、助理工作、学员学习研究及工作室开展培训活动的场地，一般都设立在名教师工作室主持人所在的学校里面，以便于名教师工作室开展教学研究、课题研究及工作室团队开展研讨与交流。

（3）工作室成立应具备的条件。一是学校及上级单位的组织与支持，即学校和上级教育主管部门是否愿意为工作室的建设、活动提供政策、制度、资金、人力等方面的支持。二是主持人是否具备必备的专业素养，即资历、魅力、组织力、影响力、号召力、凝聚力、协调力、实践力、创新力以及教学能力和教科研能力等。三是名教师工作室的成员应该是一批师德高尚、志同道合、境界高远、自我成长意识强并且有自己的成长目标及专业研究方向的教师。

（二）成立名教师工作室的程序

1. 自愿报名申请

名教师工作室主持人和成员的确定应坚持自愿报名申请的原则。自愿报名申请意味着申请人承认有关名教师工作室的章程、管理办法，承诺自己应履行的职责和应完成的任务以及遵守相关的组织纪律，从而为名教师工作室建立后的有效运作创造了条件。有些地区对名教师工作室主持人的产生，将个人自愿申报与学校推荐、专家举荐相结合，这也是一种有益的尝试。

2. 严格审核

（1）名教师工作室的组建包括两个方面的审核：一是对名教师工作室组建条件和计划的审核，包括审核该学校是否具备组建名教师工作室的基本条件，在具备基本条件的基础上对所拟建的名教师工作室设计与发展的规划、工作目标与任务是否符合实际，相关专业部门组织协调、任务职责是否到位，政策支持、物质保障是否能够落实，工作室在地区、学段、学科安排与地区教育均衡发展的匹配是否合理等进行严格审核。二是对名教师工作室主持人及其成员资格、能力及发展潜力的严格审核。

（2）审核的主体应由教育主管部门党委或相关行政部门主持，有教研部门、培训部门的专业人员参与，同时聘请专家参加，依据上报的相关材料（真实、完整），包括个人自愿申请书及要求填写的相关表格材料，由所在学校推荐报请上一级教育部门进行初评（或终评）。由于目前名教师工作室分为省、市、区（县）等级别，所以有逐级评审的过程。最后由设置名教师工作室的地区教育主管部门相关领导小组审定后，在网上公示确定名单，并正式下达相关通知。

（3）在审核名教师工作室学员名单时，相关部门应邀请该名教师工作室主持人参加，听取名教师工作室主持人的意见。名教师工作室主持人也有权推荐熟知的学员，这种做法有利于名教师工作室主持人对成员有更深的了解，以便严格把关。

3. 签订协议

组建名教师工作室应设立签订协议环节。签订协议使教育主管部门与名教师工作室、名教师工作室主持人及其学校、成员，以"契约"的形式加以固定，有利于名教师工作室建立后的稳定运行与发展。

4. 挂牌运行

教育主管部门选择适当形式，授予名教师工作室证书和牌匾，并以工作室主持人所在学校为基地挂牌，工作室依据有关规定开始正式运行。

二、名教师工作室的主要职责

现阶段，名教师工作室的主要职责有以下几个方面。

（1）引领青年教师成长。从实际教学出发，有些教师难以摆脱传统教学模式的束缚，容易出现一些教育问题与困惑，很难做到自我超越，这种情况就需要外在因素的推动促进。在名教师工作室主持人的指导下，这些教师可以根据自身的问题制订相应的工作培训计划，在相应的指导与协助下实现目标，在优秀教师成长的梯队中成功突破，实现名师梦想。

（2）开展课题研究。作为名教师工作室发展的活力源泉，课题研究要脱离高校传统的学术型理论研究模式，发挥名教师工作室主持人的研究特长优势，根据教学所产生的实际问题，落实课题，通过针对性的探究实践，有效挖掘内部成员的智慧潜力，将实际遇到的各种问题，通过专题研究的方式，达到各个击破的目的。

（3）落实现代教育理念。名教师工作室创立的初衷，就是为了促进优秀教师群体的形成，通过发挥团队优势，减少个体的不足。名教师工作室研究成果的展示主要通过著作、论文、论坛研讨与现场指导等不同方式开展，但并不局限于某一固定地点，而是向全国甚至更大范围加以辐射。与此同时，名教师工作室还可以借助对农村学校的帮扶，为农村学校教育提供活力。

（4）深入开展教研活动。名教师工作室充分发挥名师资源优势，引领风范，深入课堂开展教研活动，或者针对目前教学中出现的问题或困惑，开展教学问题专题交流探讨活动，集思广益，思维碰撞，使相关的问题或困惑在名师的指导下得以完满解决，并促进先进教学方法与成功教学经验的推广。名师作为教研活动中的策划者与主导者，应根据新课程、新教材与新高考的特点，结合名教师工作室的研究计划与目标任务，建立相应的优质教育、教学资源库。这些资源应涵盖课堂教学微课、名师示范课、关键知识点与难点的教学突破案例等，在教学形式与突破技巧上要求更高。名师既要精心策划好每一次教研活动，给成员提供令其耳目一新、眼前一亮的教学模式，有效促进工作室成员的专业发展；又要借助名教师工作室网络宣传平台，对本地区教师实现教学优质资源共享，推广名教师工作室最新教研成果，推介名教师工作室成员中的优秀新星，大力提升名教师工作室的整体知名度。

（5）深入推动教学改革。在基础教育新课程改革中，传统的教育教学观念和教学形式受到冲击。部分教师的故步自封，使得新课程的改革与推进步履缓慢。基于此，名教师工作室通过自身功能优势，借助名师引导，加强成员交流活动，探讨新课程改革实质，研究新课程特点与应对策略，通过对学习者转变观念，明晰思路，掌握要领，强化责任与目标，使其不断思考研究，不断探索实践，从而提升自身综合素质，积极主动地参与到新课程教学改革浪潮中。

由此可见，名教师工作室实质上是由学科领域内的名师团队构成的，集多项职能于一身，借助自身专业特色，形成教师研修成长共同体，成为非行政性的一种工作机构。在真正的运行中，名教师工作室更要发挥自身人才聚集的优势，推进教育教学改革与发展，推动教师专业化成长，依托名教师工作室自身的实际，走出一条适合当地教育发展的道路。

三、名教师工作室成员的类型

（1）乐于学习，充满期待的青年教师。名教师工作室成立之初，优先选择那些发展欲望强、积极性高、有坚定职业理想和信念的青年教师作为培养对象。青年教师是一个充满活力的群体，他们有干劲、有热情，接受新鲜事物的能力较强。一旦邀请他们加入工作室，便可以为团队增添青春活力。他们虽然还没有丰富的工作经验，正处于岗位的适应期，但是他们勤奋好学、乐于展现自我的这股热情非常适合开展各项工作。任务越多，驱动力越大，他们越有干劲；任务越难，越能激发他们的潜力，进而为工作室培养后继人才。有他们扎根在名教师工作室这片沃土，不仅能让他们在专业成长方面少走弯路、快速成长，还能促进工作室更快发展，达到工作室和教师个人双赢。

（2）小有成就，渴望突破的优秀教师。优秀教师的概念可以说是较为宽泛的，有的教师课上得好，有的教师文章写得好，有的教师题目出得好……从一定意义上来说，他们都可以称为优秀教师。同时他们有一个相同点，那就是小有成就，在教育教学方面有一定积累。这里的积累既包括资历、教学业绩、荣誉、教研成果、优质课等硬件的积累，也包括业务能力、业务水平及教学教研经验的内在积累。这样小有成就的优秀教师参加工作时间长、经验丰富，当他们有了"高原反应"，简言之，就是遇到了事业发展的瓶颈期，他们渴望突破这个瓶颈，达到更高层次。这时吸纳他们进入名教师工作室，可以给他们提供平台，让他们不仅能够在组内之间相互交流，有所感悟；还可以走出去，与其他工作室成员探讨，开阔眼界，而不至于出现职业倦怠、骄傲自满。

（3）愿意做事，遇事不推诿的普通教师。不同于青年教师和优秀教师的任务驱动，愿意做事的普通教师，他们踏踏实实做事，他们没有耀眼的荣誉，也不会活力四射，但他们却有着最为朴实的职业情怀。他们敢于挑重担，不推卸责任。有了这样的教师加入，名教师工作室就有了保障。因而，这些愿意做事的教师也是名教师工作室不可或缺的成员。

（4）在教育教学个性方面与导师之间有一定互补性的教师。导师和培养对象之间应互相认同、互相信任，建立良好发展的心理基础，这样更有利于培养对象的全面成长与发展，尤其要避免单纯的组织行政部门强行配对的做法，要充分体现自主发展的要求及对导师的认可，以教师个人自愿申报，业务主管部门初步审查，导师通过听课、座谈等调研方式拿出初步意见，最后由主管部门、主管领导审核批准的方式进行处理。

在主持人的引领下，名教师工作室如果能吸纳以上几类成员，再加上核心成员，组建一支高质量的团队，相信无论是名教师工作室的日常管理还是活动的设计与组织，都将会高效运行，成为当地教育行业的示范标杆。

第三节　名教师工作室建设的重要意义

一、名教师工作室建设对教师专业成长的重要意义

第一，为教师提供学习资源和学习机会。名教师工作室作为一个教师专业学习共同体，主要由两部分成员构成，即领衔名师和工作室学员（包含一级学员和二级学员）。教师专业学习共同体具有异质性和对话协商的性质，意味着每一位教师都有属于自己的、独特的教学经验和学习经历，有个性化的知识结构、信念体系和思维方式，通过读书汇报、教学研讨、课例研究、课题研究等多种形式交流学习、互帮互助，每一位成员的这种差异性和多样性都是一种重要的学习资源。不同层次的教师有自己不同的想法和感受，这些不同层次的教师在不同问题领域的交流与碰撞中，启迪了彼此的思维与想法，使参与的每个人都在研究与交流中得到提高。名教师工作室还为工作室成员提供了更多外出学习、与外地著名专家学者面对面交流的机会，工作室成员能够在专家的指引下反思自己的教学，是促进教师自身专业成长非常有效的途径。

第二，为教师搭建展示的平台。名教师工作室是一种创新的高端人才培养机制，它不同于办学习班或研讨班，也不同于师徒制，它是一个跨区域、跨校的学习共同体，是一个充分发挥名师的示范、引领、辐射作用，为优秀教育人才的成长创设的平台。名教师工作室依托各类项目和各种活动，保证工作室工作的正常运转，无论是学员还是领衔名师，在各项活动的开展中都得到了很好的发展。工作室学员通过执教各类公开课、研究课，更新课堂教学的理念，提升课堂教学技能与实践操作能力；而领衔名师则通过各类活动，在教育教学策略、学科教学管理、课题学术研究水平等方面都得到了很大的提高。

第三，加快教师成长的速度。名教师工作室扎根于学校教育教学实践，在实践问题的探究中，促进工作室团队成员专业发展，成长为师德高尚，业务精湛，高层次、高水平、高素质的优秀教师。许多教师通过加入名教师工作室，加快了专业成长的速度，教学水平和能力不断提高。作为专业人士的教师，从接受高等教育的学生，到成为初任教师，再到有经验的教师，直到成为教育专家是一个持续而又漫长的过程，有很多教师在成为有经验的教师后，或者说取得了高级教师职称后，其专业成长好像就停滞不前了；还有一部分新教师，由于刚刚走上工作岗位，从学生思维方式转变成教师行为方式遇到了很多困难，需要有一个组织或者学习团体，帮助他们不断解决问题，不断反思自身行为，不断提升职业道德，不断创新职业理想，名教师工作室完全具备这样的功能。

二、名教师工作室建设对学科发展的重要意义

在名教师工作室中，领衔名师与一级学员都是各学科的中流砥柱，往往代表着某一学科教学发展的最高水平。积极引领学科建设，大力提升学科整体教学水平，既是名教师工作室的一项重要职能，也是展示名教师工作室实际影响力的鲜明旗帜。名教师工作室依托自身名师教学示范与名师团队集体智慧，一方面，探索学科发展动向，积极讨论学科建设现状与实际问题，在掌握现有学科教学需求的基础上，通过提炼总结教育思想，归纳整理教学方法，彰显发扬教学风格，推广交流学科教学模式，建立学科教学教研资源库，从而促进学科教学质量整体提高；另一方面，由于名教师工作室直接承担着学科教学改革的攻坚任务，面对课堂教学转型与新型课堂建构的挑战，名教师工作室积极探索创新，成为学科教学改革的实验场与示范基地，为学科教学改革与发展做出了应有的贡献。

三、名教师工作室建设对区域教育的重要意义

当前，优质教育资源尚不充足，区域内和校际差异明显。名校、强校主要强在师资队伍，薄弱校往往存在师资发展水平较低等问题。学校教育发展的不均衡，最后呈现为师资水平的不均衡。如何调节师资强校与薄弱校之间的师资不均衡现象，是破解当前义务教育均衡发展的重难点问题。在当前无法从制

度上实现教师自由流动的前提下，通过组建名教师工作室，以区域内的名师带动更多薄弱校的教师发展，为薄弱校培养教师，实质上就是在有效利用优质教育资源，区域内实现优质师资的共享，对推动地区教育的均衡发展具有重要意义。名教师工作室既要培养和锻炼名优教师，让广大教师学有榜样、行有示范、赶有目标，激励更多的优秀教师茁壮成长，更要帮扶和带领广大普通教师共同成长。在优质教育教学资源开发、推广方面，名教师工作室应充分发挥"共同体、辐射场"作用，发挥其区域协作、整合、优化功能，建立系统的教学资源库，通过专题讲座、上示范及公开课、参加送培支教、建设专门网站、开设微信公众号等多种形式，展示名师教学魅力，实现区域内优质教育教学资源的交流共享，达到推动城乡教育均衡发展的目的。

综上所述，名教师工作室以点带面、辐射引领，创建、培养了大批优质教师资源，从而推动了教师资源的区域流动，提高了地区教育教学质量，推进了教育的均衡发展。这是名教师工作室发挥功能作用的重要目标任务，也是成立名教师工作室的重要意义之所在。

第四节　名教师工作室建设的理论依据

一、学习型组织理论

1990年，美国著名管理学家彼得·圣吉提出"学习型组织"这一管理观念，它所定义的学习与改变是从内在思维到外在行动的改变。"学习型组织"包含五项基本要素：自我超越、改善心智模式、建立共同愿景、团体学习和系统思考。

"自我超越"是指突破极限的自我实现，是为了实现愿望而集中精力，培养必要的耐心，并能客观地观察现实。自我超越包括三个方面的内容：一是建立愿景（一种愿望、理想、远景或目标），二是看清现状，三是实现愿景。自我超越要求组织中的每一个成员都要看清现状与自己的愿景之间的距离，从而产生出"创造性张力"，进而能动地改变现状而最终实现愿景。

"心智模式"是植根于心中，影响人们了解这个世界以及如何采取行动的许多假设、成见或者图像、印象。"改善心智模式"是指改变组织成员的思想方法、思维习惯、思维风格和心理素质，组织成员只有通过不断更新或改善心智模式，深入挖掘内心深处的图像，才能提高组织适应各种复杂环境并做出正确决策的能力。

"建立共同愿景"是指建立组织成员普遍认同的目标、价值观与信念，是经过各成员相互沟通而形成的真心追求的愿景，为组织的学习提供了焦点和能量，组织只有有了共同愿景，才能形成强大的凝聚力，推动其不断发展。

"团体学习"是指每一个团体中各成员通过"深度会谈"与"讨论"，相互影响，以实现团体智商远大于成员智商之和的效果。只有会学习的团队，才可能发展为善于学习的组织；只有当团队真正开始学习时，才能使团队成员超越自我，克服防范心理。

"系统思考"是指一种分析、解构并在结构系统内外反馈信息的动态思考方法，其核心是从整体出发来分析关键问题及问题背后的原因，并从根本上解决问题。系统思考是五项基本要素的核心，自我超越、改善心智模式、共同愿景、团体学习都离不开系统思考。系统思考可以帮助人们从局部看整体，从表面看本质，从静态认识动态。

学习型组织的基本理念，不仅有助于企业的改革和发展，对其他组织的创新与发展也有启示。人们可以运用学习型组织的基本理念去开发各自所置身的组织创造未来的潜能，反省当前存在于整个社会的种种学习障碍，思考如何使整个社会早日向学习型社会迈进。

名教师工作室是一个典型的学习型组织，工作室成员基本上是自愿申请加入这一组织的，因此对工作室有着强烈的责任感与使命感，愿意为组织奉献智慧、接受挑战和批评，并乐于联合工作室每个成员，不断推动成员对自身的主动提高，有强烈的共同愿景。因此，我们认为，学习型组织理论是名教师工作室建设的重要理论基础，也是其理论在基础教育领域的重要实践。

二、教师专业学习共同体理论

1887年，德国社会学家费迪南德·滕尼斯最早提出"共同体"概念：共同体是一种持久的和真正的共同生活，是一种原始的或者天然状态的人的意志的完善的统一体。

1997年，美国西南教育发展中心首次发表了关于专业学习共同体的定义，它是由具有共同理念的管理者与教师构成的团队，他们进行合作性、持续性的学习，并最终促进学生的学习。

本书认为，教师专业学习共同体理论的含义是教师以自愿为前提，以共同愿景为纽带，以分享合作为核心，以有效教学为导向，围绕教学实际和学生需求，承担使命，分享经验，锐意改革，共同推动教学质量的提高，也实现了教师个人专业发展及共同体共同发展的目标的理论。

教师专业学习共同体具有以下四个特征。

第一，教师专业学习共同体成员具有异质性。因为共同体是由助学者和学习者组成的，其中既有教师、学科专家，也有教育理论工作者。这种异质性体现在共同体成员具有不同的个人知识和生活背景，具有不同的思维方式。

第二，教师专业学习共同体具有协商对话的性质。教师的学习是相互合作、通过协商进行意义建构的，他们彼此之间承认并尊重个体差异。

第三，教师专业学习共同体具有共同的价值观。教师在这样一个团体里学习是出于自主、自愿，而非受行政命令的逼迫。

第四，教师专业学习共同体具有实践性。他们要共同参与各种教育实践和研究实践，通过课题研究、课例研讨等形式进行实践性知识的创生和学习。

在实践层面，我们可以按场域将教师专业学习共同体划分为校内、校际和网络三种形式。校内教师专业学习共同体在我国可谓形式多样，包括校本教研模式、集体备课模式、共同研课模式；校际教师专业学习共同体包括本校教师、其他中小学教师和大学教师的参与，如"区域性教师协作模式"、教师专业发展学校、大学与中小学教师协作模式；随着互联网技术的发展，还可以网络为载体建构教师专业学习共同体，典型的如教师博客、教师论坛、教师教育网站、QQ群、微信群等形式。

名教师工作室作为一种新的教师培训形式，强调以教师专业学习共同体为主，以促进中青年教师和骨干教师快速成长与自我创新为目的。与传统的教师教育方式相比，名教师工作室更具备教师专业学习共同体的特征，更能够满足教师专业成长的需求，主要以校际和网络这两种实践形式将教师组织在一起，进行深入的学习和思考，促进教师之间的合作与交流，大大改善了教师专业成长的环境。

三、合作学习理论

合作学习理论最早兴起于20世纪70年代初的美国，到了70年代中期逐渐取得了实质性进展，一直延续到80年代中期，发展成极富创意与实效的教学理论和策略。合作学习理论，通过对课堂内社会心理气氛的改善，极大地提高了学生的学业成绩，同时对学生形成良好非认知品质发挥了极大的作用，进而引起了世界范围内的关注，逐渐发展成为当代主流教学理论与策略的重要分支，被誉为十几年来最重要和最成功的教学改革。

最开始，合作学习形式多运用于学生学习模式的改善，但在后续的发展中，教师同伴指导思想的提出，使得教师与合作学习的关系密切起来。针对合作同样具备的教育功能，在教育部门颁布新课标、推行新教材、树立新理念、整合学科的过程中，越发强调教师需要具备相应的合作理念，以此促进其专业发展。

常见的教师合作学习形式有校本学习和培训，这种学习形式可以很好地加强教师之间以及落实在课程实施等教学活动中的专业比拼、协调发展、合作共享经验等，通过互相学习，教师彼此支持，助力共同成长。同伴互助的实质就是教师作为专业教学人员彼此之间的对话、互助与合作，其基本形式包括交谈、协作与互相帮助。

将合作学习模式的构建落在实处，要求组织内成员注重自我反思、同伴互助与专业引领这三个重要因素，此三者之间既相互独立，又相辅相成、互相渗透，共同促进彼此之间的关系。因此，与传统的教师教育方式相比，名教师工作室更加重视自我反思、同伴互助和专业引领这三个因素，更能够满足教师专业成长的需求。

四、有意义的学习经历理论

美国著名认知教育心理学家、意义学习论的创始人奥苏伯尔提出了"有意义的学习"理论。他针对认知领域将学习进行分类，根据学习者是否理解要学习的材料，学习被分为有意义的学习与机械学习两类，其中有意义的学习指新知识的学习，必须以已有的认知结构为基础，学习的过程即新旧知识相互联系、相互作用的过程。无论是在课堂内还是在课堂外，有意义的言语学习都是获得大量知识的主要手段。

美国教授L. 迪·芬克提出了"有意义的学习经历"理论，提出要把"创造有意义的学习经历作为综合性大学课程设计的原则"，并认为让学生拥有有意义的学习经历是提高高等教育质量的一个有效途径。

奥苏伯尔的"有意义的学习"理论是以知识为中心的学习，芬克的"有意义的学习经历"理论中的"有意义的学习"则把重点放在"学习经历"上，它认为学习是一种动态的变化过程，即经历了某种学习必定产生某种变化，没有变化就没有学习等；有意义的学习就要求必须产生一种对学习者的一生来说具有重要意义的、持续的变化。主要内容包括基础知识、应用、综合、人文维度、关心、学会学习。最终要达到的目标是：通过制订学习日程和学习计划，明确学习目标，在不断地学习中提高自学能力，并能对自己的学习进行反思和批判，最终实现自我管理的学习，成为自主学习者。

进入名教师工作室的领衔名师和学员，都希望在工作室的学习、工作中收获有意义的学习经历，即这种学习经历让他们全情投入，学习过程充满活力，学习给所有成员带来有意义的变化，这种变化在某次工作室活动结束后，甚至在他们离开工作室后还将持续下去；所学的东西在工作结束后还将在他们的生活中具有价值，并提升他们的生活价值。

五、终身教育理论

1965年12月，联合国教科文组织第三届成人教育委员会在巴黎召开成人教育国际促进会议，会议上法国成人教育家、终身教育理论的积极倡导者和奠基者保尔·朗格朗第一次以终身教育"*education permanente*"为题做了学术报告，引起与会者的极大反响，这标志着终身教育作为一种国际教育思潮的正式确立。后来，联合国教科文组织将"education permanente"改为英译"life-long education"，即"终身教育"。

终身教育是指人们在一生各阶段所受各种教育的总和，是人们所受不同类型教育的统一。它包括教育体系的各个阶段和各种方式，既有学校教育，又有社会教育；既有正规教育，也有非正规教育。该理论主张在每一个人需要的时刻以最好的方式提供其必要的知识和技能，其特点是终身性、全民性、广泛性、灵活性和实用性。

教育部在《国家中长期教育改革和发展规划纲要（2010—2020年）》中提出："构建体系完备的终身教育。学历教育和非学历教育协调发展，职业教育和普通教育相互沟通，职前教育和职后教育有效衔接。继续教育参与率大幅提升，从业人员继续教育年参与率达到50%。现代国民教育体系更加完善，终身教育体系基本形成，促进全体人民学有所教、学有所成、学有所用。"在教师教育中，终身学习应当成为教师的自觉行为，教师必须坚持不懈地学习，坚持不断地学会教学。在知识层面，教师要具有广博的知识，面对知识的快速更新、科学技术的日益进步，教师不仅要钻研精深的专业知识，领略前瞻的教学思想，还要涉猎社会自然百科知识，以持续不断的学习来充实和调整自己的知识体系，更新知识内容，拓宽知识面，完善认知结构。在能力层面，教师要有较强的从教能力、管理能力，要具有适应社会发展的各个方面的综合素质和创新探究能力。

名教师工作室的建立，帮助教师接受终身教育理念，使他们通过在名教师工作室的学习、研究、交流与分享，助力自身成为学者型、研究型、创新型的教师打下坚实的基础。

第二章

名教师工作室建设的原则与策略

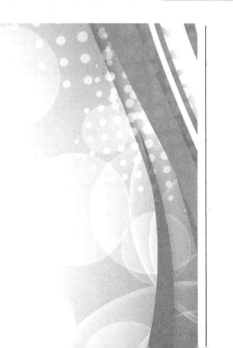

第一节　名教师工作室建设应遵循的原则

一、坚持回归主旨原则

育人是建设名教师工作室的出发点，也是落脚点。这主要是因为，要想使学生的综合素质得到提升，从客观上来说，首先要对教师的综合素质进行提升，而建设名教师工作室正是为教师综合素质的提升提供了一个平台和指引；在提升教师的综合素质之后，借助于先进教学技术及与新课程相适应的教学模式，就能提升学生的综合素质。目前，建设名教师工作室和实际的教育教学实践出现了脱节的现象，即名教师工作室的建设是为了建而建，是为了搞几次内外培训活动。因此，在对名教师工作室进行建设时，上级有关部门及学校提出明确的目标指引，要求名教师工作室最大限度地关注一线教师的课堂教学改革，提高教师课堂教学水平，大面积提高课堂教学质量，使名教师工作室的建设回归其最初的主旨。

二、坚持以校为本原则

名教师工作室的名师及学员的来源并没有什么严格的限制，既可以来自校内，也可以来自校外；既可以是教育系统内部的，也可以是行业、企业的；既可以是有一定专业基础的知识分子，也可以是行业专家、行业能手。但是，如果从学校未来的长远发展角度来看，名教师工作室建设应以解决学校本身的实际问题为重点，即我们在对名教师工作室进行创建时，应当始终坚持一个原则——以校为本，主要应在以下两个方面有所体现。

（一）坚持以本校教师为主

为了使名教师工作室的影响力和知名度得到进一步提升，有一些名教师工作室会聘请外部专家，如来自外校的、科研院所的或者行业、企业的一些专家，虽然这种上挂外联的运作机制在一定程度上可以使建设名教师工作室时少走弯路，尽快取得成效，但这样的运作方式，缺点也比较明显：其一，专家来自校外，其时间、精力都有限，因此对于名教师工作室建设中的常规化、制度化及规范化建设都很难得到保证；其二，来自校外专家的教学理念、教学方法等往往与学校的校情存在一定的差异，容易出现"水土不服"的情况；其三，校外的专家往往都极具名望，在与本校的教师进行交流时，往往本校的教师不敢发表观点、不敢提出质疑，可能会出现盲从、盲信、脱离本校实际的情况。

名教师工作室要想做到在跟本校实际情况相符的基础上对校外专家的意见进行借鉴，就要加大培训本校教师的力度，通过"沉下去、走出去、请进来"等方式，在实践过程中将本校教师打造成教学名师。就像世界最高峰珠穆朗玛峰是世界最高大的山脉喜马拉雅山的一座山峰一样，在一个水平普遍较高的教师群体中往往容易诞生一位或若干位教学名师。当然，在教育界也有另一种教育生态的存在，即如果教师团队中有一位高水平的教学名师，往往也能够带动教学团队整体素质的提高。

（二）坚持以在职、在岗教师为主

有一些名教师工作室中的部分主持人或名师实际上已经很长时间没有在一线从事教育教学工作了，但因为上级有关部门对其经验、业绩、人脉、职称等相关资源比较看重，因此仍旧挂上名教师工作室的名头。事实上，这样的工作室只是徒有虚名。这种做法是不可取的，可能会产生一些不良后果：其一，出现不正确的用人导向，如论资排辈，或只有理论没有实践经验，对于一线教师的后续发展来说是不利的；其二，对在职教师的工作积极性会产生一定的负面影响，在职教师的主动性会受到一定的削弱；其三，主持人长期不在教学一线工作，和当下的教育教学实践已经脱节，对于教育改革发展的最新消息、前沿消息不太了解，对课堂教学可行性及科学性缺乏深入了解，导致这些主持人或名师提出的指导意见缺乏针对性和预见性。

因此，对于上级有关部门来说，申报名教师工作室主持人必须是一线名教师，而不是教育局有关部门的教研员；对学校来说，申报名教师工作室主持人必须是师德高尚、教学教研能力强、教学技术精湛的中青年教师，学校要敢于、善于起用上进心强、德艺双馨、教学教研工作积极主动、有成名成家强烈愿望的年轻教师，可以选择"压担子""铺路子""搭台子"等方式，对有很大发展潜力的骨干教师进行推动。可以这样说，在一定意义上，名师是在教学教研活动中逐步成长起来的，而非培训出来的。

三、坚持动态滚动原则

名师的评价认定依靠的是其实际水平、能力、业绩和成果，要想使名教师工作室一直保持先进性、示范性，就一定要对名教师工作室主持人认定的优胜劣汰机制进行建立健全。

（1）竞选制。各个学校要对名教师工作室的相关建设方案进行科学设计、系统规划，主要考虑的因素包括学校本身的性质、学科优势、专业特点、未来发展方向以及地方特色等。对于那些想干事、能干事、能干成事的人，学校要借助于相关的选贤任能机制将其聘为名教师工作室主持人。学校对名教师工作室主持人的衡量主要从三个维度进行：其一，师德好。成为名教师工作室主持人的教师对教育事业要发自内心地热爱，对学生要真心关爱，同时还要乐于对其他教师进行传帮带。其二，水平高。想要成为名教师工作室主持人并不简单，一定要有过人之处，有的是理论水平极高，有的是教学教研能力极强。其三，平常心。名教师工作室主持人不仅要具备高瞻远瞩的能力，能够做到见微知著，还要能够脚踏实地，沉下心来进行一线教学教研工作。

（2）任期制。尽管在实际的工作中，我们需要赋予名教师工作室主持人一定的行政职权，但是名教师工作室主持人实际上并不是一个行政职务；尽管在任期内，我们需要给予名教师工作室主持人相对应的经济待遇和政治待遇，但事实上名教师工作室主持人也不是一个职称、一个职务。名教师工作室只是一线教师在成长与培养过程中的一种机制和平台。客观地说，名教师工作室主持人需要有一个明确的任职期限，通常来说，3～6年是比较合适的，如果任期过短，名教师工作室主持人尚未厘清工作思路，很难达到好的效果；而如果任期过长，则容易对其他优秀人才产生一定的压制，进而导致名教师工作室主持人表现倦怠、懒散，甚至任性、走极端。

（3）考核制。建立一套行之有效的名教师工作室主持人考评体系是我们进行考核的基础，也是关键。考核的重点应当放在工作任务完成情况、团队梯队建设以及收获和成果方面。在进行考核时，选择的方法要对效果、实绩、量化格外重视。通常来讲，我们可以以"项目组（或教研组、课题组、技能提升组等基层团队）—教师工作室—名教师工作室"这一进阶动态管理模式作为参照，在管理方法上选择使用"名教师工作室—教师工作室—项目组"这一退格动态管理的方法，对名教师工作室管理体制进行完善，使名教师工作室主持人做到能上能下、能进能出。

第二节　名教师工作室建设存在的问题

近几年，大量的中小学名教师工作室在全国各地陆续诞生。这是我国的教育发展到了一定阶段后的必然结果，也符合我国提升教师社会地位的要求以及教师专业发展的实际需求。要建设名教师工作室，对于"四有四无"问题一定要着重进行解决。在工作时，名教师工作室要脚踏实地、实实在在，以先进的理念、科学的策略以及清晰的工作思路作为指导，使最终取得的实际成绩及教研成果能达到目标预期。

在对教师队伍进行建设的过程中，名教师工作室这一产物是比较新鲜的，能够用来借鉴的经验很少，需要我们解决的问题也有很多。我们把这些问题概括为"四有四无"。

第一，有牌子无组织。有一些名教师工作室在挂牌子时非常积极主动，但当名教师工作室的牌子挂好之后，却不按计划开展实质性的工作，虽然也做计划、总结，名下也有一些成员，甚至有一些成员每年还发表各类文章，但工作室从整体来看毫无生机。在名教师工作室中，成员并没有家的感觉，没有归属感，导致整个名教师工作室成了一个摆设。

第二，有组织无活动。有一些名教师工作室在组织管理体系以及管理纪律方面都已经建设得比较好、比较严密了，却没有与之对应的学习、学术、教研活动，也没有组织相关的考察活动。不管是担任工作室主持人的名师本人还是工作室的其他成员，他们本身都有自己的工作单位，因此，对于他们来说，更具吸引力的应当是能够参与的活动，而非这些僵硬的制度、纪律条款。

第三，有活动无价值。虽然有部分名教师工作室组织开展了很多活动，但是，这些活动空有数量，没有价值，或价值不大。例如最为常见的听课观摩，这种活动大都是由名师上一堂课，其他成员旁听，再吹嘘一下；或者是由工作室的成员上一堂课，其他成员再进行重构，题目通常为"如果我来上"。虽然大部分成员都参与到活动中，但事实上，成员并没有什么实质性的收获，这其中的原因是名教师工作室开展的活动缺乏科学理论的支撑，缺乏名师高屋建瓴的点评与指导。

第四，有价值无方向。还有部分名教师工作室，学术氛围也比较浓厚，每当举办各种研讨活动时，大家都很积极，气氛十分热烈，甚至还可能在讨论中出现分歧、争论。成员们在对相关问题进行思考时，往往都很有深度，能够发现一些比较有价值的问题，有的是和学校教学本质有关的，有的是和更新知识结构有关的，还有的是和教学理念的转变有关的。本来，出现这种情况是一件好事，但是，名教师工作室主持人的学术修养毕竟有限，往往无法立足于更高的层次、更鲜明的立场来对其进行引领，导致有很多问题虽然提出了，却迟迟探讨不出结论，使整个学术研究产生负效应，即成员在其中找不到方向，甚至连名教师工作室主持人本人都很迷惑，无法进行理论创新及教学模式创新。

第三节　名教师工作室建设问题的解决对策

上节提到的就是建设名教师工作室过程中出现的"四有四无"问题，针对这些问题，我们认为首先要确立先进的理念，以此为指导，形成清晰的名教师工作室建设思路，探讨出具体到位的建设策略，并将上述思路和策略落实到位。

一、运用先进的指导理念

名教师工作室的建设是极具创造性的，我们要对融合理念和引领理念进行充分运用，并以此作为指导。

（一）融合理念

建立起名教师工作室之后，作为主持人的名师和其他一般成员之间的关系，将不再是简单的、传统的师徒关系，而是一个学习共同体，大家需要一起努力，共同创造全新的教学、教研生活。

具体来说，在建设学习共同体时，我们要对融合理念进行全面运用，不管是在时空方面，还是情感、视野方面，都要让工作室的全体成员做到高度融合。在这其中，视野的融合过程是十分漫长且艰难的。这主要是因为不同成员之间的视野存在着一定的差异，各个成员不论是求学的背景，还是知识的结构、学术的志趣，都存在一定的差异，难免会出现视野差距。作为一个学习共同体，我们需要通过各种方式缩小成员之间的差距，使大家逐渐融合，进而形成新的扩充的视野，比较常用的方法有学习、教学观摩、会议、读书沙龙、网络研讨等。当然，在多数情况下，这种融合都只是"效果历史"，由于各个成员的努力程度有所区别，因此又会产生新的差异和不同，但是随着工作室活动的不断深入开展，成员之间又会形成新的融合，如此循环往复。随着名教师工作室的不断发展，成员会不断取得进步，最终实现和工作室共同成长，这不仅是对工作室中每个成员的要求，也是对作为名教师工作室主持人的要求。

（二）引领理念

第一，发展目标上的引领。名教师工作室建设需要设定预期的目标，这个目标要能够将全体成员的愿望结合到一起，使之成为集体的愿景。同时，名教师工作室还要有能力将上级要求以及自身对教育的追求落实为实际行动。名教师工作室在设定目标时一定要"求真务实"，即要保证每个成员都有实际收获，特别是在专业水准方面，要有显见的提升；要向更高的理想目标前进，提倡"超越小我""超越功利"，使整个工作室心态更加阳光、精神更加振奋，整体更加昂扬向上、积极进取。

第二，学习任务上的引领。作为名教师工作室主持人，一定要勇于担当，在共同学习的过程中对大家进行引领，通过"任务驱动"，促进团队中的成员共同成长和学习进步。这种任务引领主要在内外两个方面有所表现：对内，包括对学习时间进行确定、对学习地点进行联系确认、对学习计划进行制订、对研讨的相关专题进行拟定、对研讨所需的相关资料进行收集、对学习的成绩效果进行评价等，其中，对教育科研课题进行确定、申报和研究是尤其重要的；对外，要和上级部门进行联系，和外部相关单位进行沟通，邀请、聘请相关专家对团队成员进行指导。除此之外，对于团队中的积极分子，团队主持人需要积极发掘，让他们成为自己的助手，充分发挥其积极性、能动性。

第三，学术专业方面的引领。这方面起引领作用的承担者主要是外部的专家或者专家团队，如一些来自高等师范院校的专家、各级名师教研机构中的教研员等。建设名教师工作室，尤其是在提升教学专业水准方面，如果没有外部专家的介入，不依靠专家团的力量，其效果会大打折扣，难以达到预期。这主要是因为工作室成员及包括作为主持人的名师本身，各方面条件都受到一定的限制，如教学任务繁重，个人进行学习的时间、空间都很有限等。这时，主持人如果引入一些专家，不仅能够为大家传授经验，收到"请进来"的效果，同时主持人还可以带着工作室的成员一起"走出去"，向专家学习。

二、形成明晰的建设思路

(一)管理思路：由制度走向文化

建设名教师工作室，制度保障是必不可少的。但有一点需要明确，名教师工作室实质上并非独立的行政单位。因此，关于名教师工作室的制度建设，应当尽量采取鼓励式规定，而名教师工作室管理则要慢慢转变制度管理模式，逐渐向文化管理模式靠拢。制度管理方式更加理性化，对规范、标准的作用更加重视；而文化管理则更加情感化，对开发内在精神、集体感受以及群体氛围、各种非正式的规则所能发挥的作用更加看重。采取制度管理模式，我们可以打造出一个标准化的团队，使名教师工作室有严格的制度、规范的运转程序、合理的框架结构；而采取文化管理模式则可以让整个团队更具生命力，团队会有充足的价值动力和精神源泉，对团队的未来发展方向具有强烈的引导性，使团队更具自身的特色和个性。当然，文化管理不能完全代替制度管理，制度管理也不能完全取代文化管理。我们在建设名教师工作室时，要对制度管理和文化管理之间的关系进行协调处理，使二者互相成就，但重点应放在文化管理方面。作为名教师工作室主持人，更要以身作则，为大家树立榜样。

(二)学习思路：由书本走向活动

名教师工作室的建设目标是形成学习共同体，其中学习自然是必不可少的一项内容。但需要注意的是，名教师工作室的学习并非简单的书本学习，即认为目前已经不缺乏教学实践了，而是缺乏学科教学知识（也称PCK）。通过国际教师教育研究的相关研究成果，我们可以发现，在教师的教学效能中发挥最大作用的这部分人，包括教育学家、作家、历史学家、教育研究人员等，之所以作用最大，并不是因为他们对专业知识的数量或者质量掌握得最好，而是因为他们善于对知识进行组织和使用。换句话说，要想使PCK得到增长，并非只从书本中进行学习就可以了，而应当在不断的教学实践过程中对知识进行提炼、概括。

学习书本知识的任务，更多地需要放到个体学习中，到了名教师工作室或者通过网络碰面以后，大家集体进行的应当更偏向于活动。当然，这并不是说不需要布置读书任务，名教师工作室主持人也需要给大家留一些读书类的任务，并将其效果做显性化处理，其显性化的途径也属于活动——读书交流活动。

具体来说，名教师工作室主持人要有能力对活动进行设计，采取多种多样的活动，将建设"学习型组织"这一过程最终落脚于"活动"，具体需要做好以下工作：其一，常规性的研讨活动，如教学观摩、主题研讨、专题讲座、送课送教、微课研究、网络研讨等；其二，学术研讨会，可以主持召开一些区域性的学术研讨会，也可以带领团队到外地去参加一些相关的学术会议；其三，研学考察活动，主持人可以带着工作室成员一起到外地拜访名教师，向其请教学习；其四，娱乐活动，除了相关的学习活动外，还可以不定期地组织开展一些娱乐性质的活动，使大家在活动中加强交流，巩固友谊。

三、执行具体的建设策略

（一）实施兼顾策略

（1）追求：要在保证专业水准的前提下兼顾形象气质。对于每一位名教师工作室的成员来说，改变都应当发生在两个方面，一是提升了专业水准；二是改变了生活态度，引领了价值观念。在这方面，名教师工作室应当追求全面，对每位成员的教学品质以及生活品位都要进行提升。

（2）内容：要兼顾教学理论和实践。作为名教师工作室，其整体重心当然要放在学习、研讨活动方面，毕竟这些内容才是和教育教学密切相关的。在开展这些学习研讨活动时，名教师工作室要格外重视理论和实践的结合，对二者的互动融合即教学实践理论化和教学理论实践化要进行大力推动。其一，要有意识地在教学实践过程中运用教学理论，对过去教学理论"好看不好吃"这一现象进行改变；其二，要有意识地对教学实践中存在的问题进行反思，使教学实践"匍匐在地"的情况得到改善。

（3）重点：要兼顾针对案例的研讨和对问题的解决。作为名教师工作室主持人，要能够帮助成员发现自身的问题，并且针对其中的重点、难点问题进行分析研讨，可以借助一些典型案例对成员进行引导，使其找到有效解决问题的途径和方法。这里出现的一些问题往往也都是教学中的热点问题，如微课的应用范围，"翻转课堂"的实质和实效，接受学习与自主、合作、探究学习之

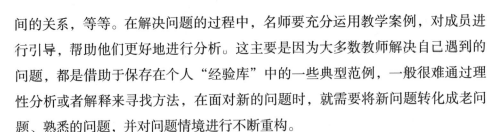

间的关系，等等。在解决问题的过程中，名师要充分运用教学案例，对成员进行引导，帮助他们更好地进行分析。这主要是因为大多数教师解决自己遇到的问题，都是借助于保存在个人"经验库"中的一些典型范例，一般很难通过理性分析或者解释来寻找方法，在面对新的问题时，就需要将新问题转化成老问题、熟悉的问题，并对问题情境进行不断重构。

（4）载体：要兼顾集中学习和网络研讨两种形式。对于工作室进行集中学习的时间、地点、形式、内容，主持人一定要做好规划和安排，需要提前做出系统的规划设计，每次集中学习的主题都应有所不同；在每一次进行集中学习之前，工作室的所有成员都需要做好准备，如提前准备好讲稿、PPT等；在每次集中学习结束之后，主持人要给大家布置下一主题的相关内容，同时要求大家针对本次学习进行总结。现代信息技术发展迅速，主持人也需要带领全体成员一起，对知识进行及时更新，对新的信息技术进行了解掌握，尤其是网络研修社区的建设，每个成员都需要建立起自己的个人空间，并将个人空间和网络研讨联系到一起，搭建一座桥梁，让工作室成员之间可以借助网络顺利进行学习研讨活动。网络研讨的时间可以采取定期和不定期结合的形式，其中定期研讨可以划分专题，使之形成一个系列，以任务为驱动，和集中研讨相互配合完成，使课上、课下融为一体，相互为用、相辅相成，做到"共生共荣"。

（5）评价：要兼顾行动上的改善和成果的固化。对名教师工作室的建设成效进行评价，还要兼顾成员的行动改善情况以及研修成果的固化情况。在这二者中，排在第一位的应当是行动改善，即教师的育人水平、专业水准都在工作室的帮助下得到了显著提升，同时能够让教师明显地意识到自己有所改善，能够运用正确的理论来对自己的改善进行解释，站在更高的水平和角度对自身的不足进行反思，并能够采取一定的补救措施；使教师的观课、议课水平也能得到显著提升，不再局限于较浅层面的批评和表扬，而是能够深度透视课堂教学，站在执教人的角度来提出问题和改善方法。与此同时，关于固化成果的建设，名教师工作室也不能忽视；要对研修成果进行固化，借此对成员产生驱动，推动他们进行深度学习，使学习成果成系列，并鼓励他们积极出版或者发表，尤其在进行一些课题研究时，要鼓励他们围绕主题撰写专著、论文或者随笔等；要想办法将这些系列成果出版、发表出来，这样才能在社会效益方面收获更多。

（二）实施自由策略

（1）目标：促进每个成员的专业成长。作为名教师工作室主持人，要想办法让团队中的每个成员在工作室期间都能感受到专业成长所带来的快乐，感受到人生的幸福和欢乐。工作室中的每个成员都要积极主动地寻求发展，要努力使专业成长的必然发展成为专业成长的自由，要做到不需要别人督促也能自觉、自主地向目标迈进。

（2）过程：名教师工作室中的每个成员都要保持自身的独立。名教师工作室不仅要设定共同的目标愿景，而且要允许成员设定自己的小愿望；对于成员，既要鼓励他们依靠团队进行发展，又要允许他们保持个性发展；在安排活动时，不需要安排得过于满当，要给团队成员留出一定的时间、空间，供他们自由发展进步。我们建立名教师工作室，将优秀的学员吸纳进来，共同成长，并不意味着对成员的个性予以抹杀，反而要在工作室中为成员的个性发展创造一定的条件，只要其发展方向不偏离主题、是正确的，就可以给予鼓励和帮助。

第三章

名教师工作室团队建设与专业能力提升

第一节　名教师工作室的日常管理工作

一、名教师工作室建设与管理理念的提炼

名教师工作室能否形成特色与品牌，能否受到当地教师的认可并聚集一批追随者，能否产生效益并闻达于学界，最为关键的是创建的名教师工作室是否有"魂"，即是否有切实可行的名教师工作室建设与管理理念，这才是名教师工作室发展的生命线。先进的名教师工作室建设与管理理念可聚集志趣相投者，吸引一批教育工作者在这个理念的影响下提高教学效能，促进一批教师迅速成长。因此，名教师工作室建设与管理理念可称为名教师工作室之"魂"。名教师工作室建设与管理理念的形成是一个反复实践、凝聚和提炼的过程，是一条炼"魂"之路，可归纳为以下五个步骤。

第一步，在预设下形成。针对一个课题，主持人给成员布置任务，课题就是预设条件，所有成员围绕课题在教学实践中寻求自己的解决方案，即个性化方案。

第二步，在形成中碰撞。所有个性化方案通过讲解、展示等形式进行充分讨论，产生碰撞。碰撞的环境必须体现公平原则，不能歧视任何一个方案。

第三步，在碰撞中凝练。在碰撞中，每个成员都应该逐渐明晰每一个个性化方案的优点和存在的不足，并形成自己对每一个个性化方案的意见。对个性化方案的反思，不仅仅是成员成长的重要阶梯，更是工作室教学理念形成的重要途径。

第四步，在凝练中总结。每一个成员都要充分发表自己对个性化方案的意见，开展课题的总结工作。在这个过程中，主持人必须引导成员将所有个性化

方案逐步同化，即剔除其中不适用的地方，将比较先进的思想和做法进行归纳总结，形成总结报告。

第五步，在总结中升华。在对成员的个性化方案进行总结的过程中，主持人要聚集工作室的骨干，对照先进的教育理论进行提炼和升华，形成富有本工作室特色的建设与管理理念。

以上五步的实施，必须具备以下条件。

一是要有生长土壤，即实践中的可操作性，它体现出理念的实用性。这里需要强调的是，教学理念必须来自工作室建设与管理的实践，只有来自工作室建设与管理实践的理念，才会更符合工作室建设的实际，才具有可操作性和大范围地运用于工作室建设与管理实践中。

二是要有理论支撑，即符合当今的教学教研规律，它体现出理念的生命力。这就需要工作室必须有一批熟悉教学教研和工作室建设与管理规律的专家，来对工作室建设与管理理念进行总结和升华，提出独特的工作室建设与管理的方法、思想和主张。只有这样，工作室的发展才会具备强大的生命力。

三是要有工作室建设与管理效果，即必须是比常规建设与管理效益高的方法总结，它体现出工作室建设与管理理念的影响力和生命力。工作室建设与管理效果是衡量工作室建设与管理理念成败的最直接的标准，任何一个工作室建设与管理理念都是针对特定对象、在特定条件下产生和发展的。在这个特定条件下，针对特定对象，这个工作室建设与管理理念是否达到了极致，是我们要探索和追求的目标。没有良好效能的工作室建设与管理理念是没有影响力和生命力的。

工作室建设与管理理念对一个名教师工作室来说极其重要，是名教师工作室的灵魂，在提高工作室品位的同时，可吸纳更多的优秀教师参与其中，使工作室真正成为一个集教育科研引擎、教学改革论坛、教学实践基地于一身的教育专家成长基地。

二、名教师工作室章程设计与制度建设

（一）名教师工作室章程设计

名教师工作室章程设计是一个反复推敲的过程，主要包括以下内容。

1. 名教师工作室的性质和目标

（1）名教师工作室的主体是名师团队，通过名师的引导来解决相应的教育教学问题，名师属于主要行动者与组织者。当然，由于名教师工作室针对的是教育教学，所以，这也属于学习型组织。

（2）名教师工作室在进行教育教学理念与方法传播的时候不局限于教与学，而是通过不同形式进行传播，其在教育教学中起着引领与示范的作用，可以带动一定区域的人加入进来，组建更强大的教师团队，快速提升教师团队的整体素质与工作效率。

2. 名教师工作室的组织运营

（1）名教师工作室进行命名的时候通常为名教师工作室主持人的姓名，同时，名师团队中还包含10名教师成员。名教师工作室通常为任期制，一般为3~6年。

（2）通常情况下，名教师工作室由当地的教育行政部门主管并领导，地点设在学校，由学校校长进行直接领导。名教师工作室的日常工作开展是在独立的办公室，可以进行相应的计划制订与活动安排等。当然，对应的培训活动、工作室各种材料的分析、总结以及工作室成员最后的考核评价等也都是由名教师工作室进行的。

（3）名教师工作室团队组建以后，要安排独立的工作室，组建工作室的组织机构，常见的工作室组织机构有策划组、资料组、宣传组等。

3. 工作室主持人与成员的具体任务

（1）工作室主持人的具体任务。主持人在确立培养目标及制订培养计划时，要考虑各位学员的特点，并要贯穿工作室建设周期的全过程，工作室对应的研修活动也要按计划定期举行；工作室主持人在年初要制订年度工作室建设与教师培训计划，年末要根据工作室计划完成情况进行分析、总结。一般来说，工作室主持人在本校组织的评课活动，每学期不少于4节，上示范课不少于2节，上县级以上层级的公开课不少于1节，每学期还要举行校级及校级以上的专题讲座1次。同时，主持人还要主持课题研究，撰写研究报告或教研论文，且每年要在市级以上期刊发表1篇以上教研论文，争取工作室任期内出版1本专著。

（2）工作室成员的具体任务。工作室成员在名教师工作室要积极接受名师的指导，名师工作室所举行的会议以及教研活动等均需要按时参加。成员年初要制订年度工作计划，年末要根据计划完成情况进行书面的分析、总结，并要求每月进行小结。成员每学期参与本校的评课不少于3节，上示范课至少1节，上公开课至少1节，举行专题讲座至少1次。成员在任期内要开展名教师工作室总课题的子课题实践研究，撰写阶段性教研成果文章、研究报告或者论文，并要求在县级以上刊物发表2篇以上教研论文。

4. 名教师工作室的保障机制

（1）主管部门要为名教师工作室提供专项经费，实行专户管理，专款专用。学校每年要为名教师工作室提供教育科研经费，给予适当的资助和奖励，尤其要考虑工作室主持人和骨干成员的额外工作量的补助；要为名教师工作室提供硬件设备；每年要为名教师工作室和研修教师提供一定数量的学习资料、教育教学著作等。

（2）名教师工作室要制定学习、工作考勤制度和研究绩效奖励制度，要制定工作绩效评价标准及任期结束后的学员升级制度，以充分调动工作室成员的主动性与积极性，确保工作室运营顺畅、高效、卓越。

（二）名教师工作室制度建设

要使名教师工作室建设发挥积极作用，加强制度建设和深化发展理念至关重要。下面围绕做好名教师工作室制度建设的意义及强化措施展开探讨。

1. 工作制度

在名教师工作室的工作制度中，首先，应制订详细的培养计划，有效促进培养对象的专业能力的提升；其次，加强对不同课题的管理，在每一阶段制订具体的研究实施计划，并做出阶段性总结；最后，在工作室活动方案上，要定期上交相关教学计划，做到工作室活动有方案、有措施、有记录、有总结。

名教师工作室通过阶段性小结和研究出的多项科研成果，使工作室成员能够时刻保持严谨的工作态度和科学的工作方法，以规范、创新、个性化的工作室活动方案，带动更多的教师融入教师专业发展队伍建设中来。

此外，围绕各项教学教研活动，名教师工作室注入公益教育、艺术教育等诸多元素，发挥名教师队伍的引导作用，全面提升农村及落后地区教师的专业

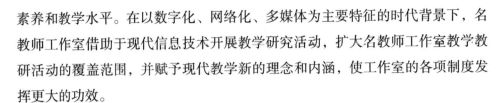

素养和教学水平。在以数字化、网络化、多媒体为主要特征的时代背景下，名教师工作室借助于现代信息技术开展教学研究活动，扩大名教师工作室教学教研活动的覆盖范围，并赋予现代教学新的理念和内涵，使工作室的各项制度发挥更大的功效。

2. 学习制度

名教师工作室在学习制度的建设上，要秉承"深度研修"的活动原则，要求每位成员每学期系统学习1本教育理论书籍；同时，要求教师广泛阅读教育及学科教学参考文献，收集相关资料，做好读书笔记，撰写读书体会，切实提高理论水平。

每位成员每学期应该参加不少于45课时的各类培训活动，包括省、市专家学习讲座，校内教师培训研讨等。另外，工作室成员还应该自主参加不同级别、不同类型的教学教研讲座，名教师工作室通过学术沙龙等活动，组织成员相互分享学习心得。学期结束后，工作室将集中组织成员学习活动情况的相关考核，并要求每位成员进行自我评议和相互评议，推进学习制度的完善与优化。

3. 考核制度

在考核制度建设上，名教师工作室通过建立考核章程，记录人员日常出勤状况及表现，确定每位成员应当履行的责任和义务；在考核项目上，要综合考量名师队伍所担当的课程责任，给予全面和科学的评价。

在不同的活动环节，名教师工作室要建立不同的考核标准，其中包含：市级以上公开课、校级以上公开课；获省、市教育职能部门确定的优秀教育成果；在国家级、省、市级专业学术刊物上发表的论文数量及质量；等等。

名教师工作室尊重工作室成员个人及集体的知识产权，围绕这些工作业绩，每学期评选优秀工作室成员、每三年评选优秀研究课题及最佳教育成果等；同时，对于未能通过标准考核的工作室成员上报教育行政部门进行审议，便于安排下一年工作室人员计划。

4. 会议制度

会议制度建设要从计划会议、阶段性汇报会议、总结会议三个方面做起。每学期伊始，主持人应召开工作室成员会议，确定本年度的重点工作任务、培训情况、专题讲座等。在不同的活动阶段召开不同的工作计划会议，明确名教师工作室活动计划及远程教育指导、课题开题、研究与结题指导等内容。

在阶段性汇报会议中，名教师工作室针对工作室成员的阶段性学习成果，在每学期安排两次及以上的工作汇报，通过详细确切的工作汇报，使会议的展开能够起到辅助作用，满足工作室的发展需求；在总结会议中，要通过名师队伍内部的总结和研究，积极呈现本学年工作室取得的成果，借鉴成功的经验，总结分析存在的不足，并针对工作室的实际提出下一阶段改进方案。

5. 档案管理

档案管理作为记录、保存名教师工作室各项成果的重要载体，需要相关工作人员积极认真落实《档案管理制度》，确保各项材料及时收集、汇总、归档、存档。例如，记录工作室的发展规划、专题讲座、示范课、评课记录、学员论文等，可以将其作为工作室成员绩效考评的成绩和集体成果发展的经验总结材料。

同时，负责工作室档案管理的成员应及时收集各名教师工作室与名师所建立的广泛联系，便于组建工作室学习共同体。名教师工作室通过收集专题讲座、参观学习活动等材料，搭建一个开放的档案管理平台，使名教师工作室课例研究模式从专业研究领域延伸到个性化研究领域。

综上所述，要想做好名教师工作室制度建设，名教师工作室要秉承与时俱进的发展理念，发挥名师的示范、引领作用，创新培训活动模式，在工作室主持人的指导下，完善各项管理制度，并每月编辑成工作简报，在工作室内传阅。名教师工作室要将研究"教"为中心转变为研究"学"为中心，进一步提升一线教师教学教研工作的时代感、成就感和幸福感。

名教师工作室以文本形式记录学员的成长历程，为学员自身的成长提供成功、成名的"捷径"；帮助学员在教学实践中提炼教学风格与特色，提高名教师工作室建设与管理水平，使名教师工作室培训工作从平民型向精英型转变。

三、名教师工作室的经费管理与活动的过程管理

（一）名教师工作室的经费管理

名教师工作室的正常运营需要一定的经费做保障，我们要遵循"科学规范、力求节约、专款专用、权责一致"的原则，制定出周期及年度支出预算，

强化资金管理，实现效益最大化。

为规范名教师工作室的经费管理，提高经费使用效益，重点要关注如下四个方面。

1. 工作室经费使用的范围

（1）名教师工作室设施设备、硬件设备的添置。

（2）工作室图书的购买。

（3）用作项目研究服务的资料费、办公用品费、印刷费等。

（4）外出学习观摩或交流费用。

（5）科研活动交通费、差旅费。

（6）工作室活动宣传与工作室成果应用推广费。

（7）其他费用。

2. 名教师工作室需要完成的任务

（1）研究学习教育教学改革趋势和前沿动态。

（2）开展工作室培训活动，培养工作室成员及广大青年教师。

（3）组织课堂教学研究活动，总结、推广成功的教学课例，提高本地区课堂教学质量。

（4）承担教师继续教育及各级培训课程设置的论证、定期举行专题讲座，组织编写培训教材、校本教材，促进本地区教师的专业发展。

（5）组织开展课题研究，协助论证相关课题。

（6）在本地区名教师工作室建设与教师专业发展方面发挥示范、引领作用。

（7）建设名教师工作室专题培训网站，定期开展网络培训活动。

3. 工作室的经费预算

（1）预算的意义。预算是管理会计的重要内容，就其定义而言，预算是以数量化方式表述或预测，是设定目标、促进对后续业绩评价的活动。把预算机制运用到名教师工作室经费管理中，对于整个工作室的运行既有监督作用，也有促进意义。预算管理质量的优劣直接关系到工作室整体目标的实现。全面而科学的预算管理既可以使有限财力资源得到合理配置及有效利用，又可以促进工作室各责任人的业绩评价，促进工作室各项管理制度的健全、落实及管理水平的不断提高。

（2）经费管理可分三步走：预算编制、预算执行、预算执行结果考核分析。这三个环节互相关联、环环相扣，只有这样，才能确保经费使用发挥最大效益。以上已经分析的工作室费用主要包括设备添置费、项目资料费、外出学习费等。人们通常认为，提高经费使用率最主要的方法是控制，但在工作室成员的学习研究过程中，过于控制则会让工作的推进缩手缩脚，无法施展拳脚。所以，费用管理只强调对费用的控制其实过于狭隘。费用管理的重点不在于控制，而在于费用的有效投放。提高费用的有效投入产出效果才是费用管理的重中之重。

（3）预算管理的主要方法有以下三点：第一，将对工作室有重大影响的项目引入项目库；第二，调查和分析那些可列或可不列的项目，在经费允许的前提下，充分考虑工作室的需求情况，根据轻重缓急，一一列入项目库；第三，以零进出预算为基础，科学编制预算。当前工作室的经费预算编制已经由过去的基数预算转为当前的零基预算。

4. 工作室经费使用的注意事项

（1）名教师工作室主持人按照周期及年度支出预算，确定支出方向，审批财务单据。授权主持人所在学校的法定代表人对财务单据的真实性及是否符合财务管理制度进行审核，双方签字后，方可入账核销。

（2）经费不得用于个人消费支出，不得用于主持人所在学校公用经费支出。

（3）经费使用接受财政、审计及教育行政部门的审计检查和绩效评价。检查出的问题按照财务管理规定处理。

（4）因考核不合格被取消工作室资格的，应由名教师工作室所在学校将剩余经费上交上级财政部门。

（5）经费使用要量入为出，不得超支，年度经费有结余的，可结转下一年度继续使用。

（6）经费要结合学校及当地的相关政策合理使用，提高经费使用效益，保证名教师工作室教学研究活动有序开展；要做到经费合理合法地使用，能用的想方设法用，不能用的坚决不用。

总之，要做好名教师工作室的经费管理，既要依据工作室经费的使用办法，也要结合各地、各校的实际情况，使工作室的经费得到最有效的利用。

（二）名教师工作室活动的过程管理

做好名教师工作室活动的过程管理，要从以下几个方面着手。

（1）要有明确的规划。活动规划是为了保证活动的顺利开展，因此，活动规划要有科学的指导思想、明确的工作目标、具体的实施方案和科学的运行机制，即在活动之前要制订翔实的切实可行的活动方案。

（2）活动的有效组织。当有了明确的活动方案后，我们就要按照制订的活动方案对活动进行组织。在活动的开展过程中，我们要明确成员的分工，确定各成员在本次活动中的具体任务和职责，让活动按照规划有条不紊地进行，并且在活动中收到较好的效果。

（3）活动过程的实施。当工作室成员在了解了活动方案、明确了工作职责后，我们就要按照方案开展活动了，这个过程就是活动的实施。活动在实施的过程中，要注意根据需要采取适当的形式进行，以便使活动能收到较好的效果。工作室活动通常以多种不同的形式来进行，如主题沙龙、磨课评析、案例会诊、模拟研讨、专题讲座、读书分享、网上研修、外出研学等。

（4）活动的总结与反思。在活动过程中，我们要及时进行资料的收集，并且对活动中形成的成果进行有效的总结与反思；通过结论指导今后的工作，利用反思不断地提升自己；要做到全员、全方位、全过程参与，以此促进工作室工作全面提升，同时将成果进行广泛宣传、及时推广与应用。

四、名教师工作室的年终总结与成员自我评价

（一）名教师工作室的年终总结

成功的过程就是一个不断反省、不断改进的过程。我们要勤于思索，善于总结。通过总结，我们可以全面地、系统地了解以往的工作情况；可以正确认识以往工作中的优缺点，然后明确下一步工作方向，少走弯路，提高工作效率；也可以使零星的、肤浅的、表面的感性认识上升到全面的、系统的、本质的理性认识上来，正是在这种遇见问题、发现问题、解决问题及总结归纳的过程中，我们才得以不断地成长与提升；还可以培养我们思考的习惯，增强工作的动力，使工作更有效率，头脑更加清醒，目标更加明确，工作更有意义，绩效更加显著。

关于工作室成员的期终总结，我们可以采取以下方式。

（1）设计系列表格，划分明确目标。例如，李启云名教师工作室设计的"教师教学、科研自我诊断与教学特点形成努力计划表""学员自我发展总体计划""学员阶段发展计划"等系列表格，让学员填写，制订出个人发展计划。

（2）主持人帮助学员完成自我诊断。主持人走访学员所在学校，听学员的课，与学员的主管领导进行交流，了解学员的教学和教研情况，大致明确学员教学和教研的特点及已经取得的成果，初步确定学员教学、教研发展目标及其应形成的教学、教研特色与方向。

（3）名教师工作室专家团队帮助学员完成自我诊断。名教师工作室专家团队经过讨论，明确学员的教学、教研发展目标及其形成的教学教研特色与方向，指导学员填好"名教师工作室学员诊断与努力方向表"。

（4）工作室定期组织"回头看"，督促成员进行自我总结，适时调整下一步的进度和方向，鼓励成员尝试确定更高的目标，在专业发展和影响辐射等方面提出更高的要求。在这个循环往复、不断进步、不断激活内驱力的过程中，可以让每位成员时刻保持头脑清醒状态的问题包括："我专业发展到了哪里？""我是否完成了预期目标？""我是否有超越的可能？"等等。

名教师工作室不是导师的工作室，而是培养未来名师的工作室。工作室的每位成员都是未来的名师，都应该以名师的标准来要求自己，履行成员职责，同时发挥名师的示范、引领与辐射作用，有效促进成员的进步与成功。

（二）名教师工作室成员的自我评价

1. 做好期终总结

做好期终总结离不开三个方面，即工作室总结、成员个人总结和研究成果总结。

（1）工作室总结。好的结果都是由精彩的过程凝练而来，而精彩的过程则需要一个详细的规划。名教师工作室要想做好期终总结，首先要在平时的工作中做好活动记录，并且每次活动后，要及时写总结，注意积累素材，总结的形式可以是文字，也可以是视频。

（2）成员个人总结。一个人只有成长了，才会有成果。我们鼓励工作室的每位成员出教育文集，写有价值的研究案例、教育教学论文和博客，完成每日阅读等，通过各种各样的方式，让每位成员都成为名教师工作室建设的贡献者、引领者和推动者。

（3）研究成果总结。名教师工作室可以通过微信公众号、研究成果集和在线好课堂这三个平台，使研究成果形成系列、可供借鉴、具有价值，要用整合思维有效地扩大名教师工作室建设成果的辐射面。

2. 让成员履行职责，主动承担责任

在如何让工作室成员履行职责上，我们可以设立、实施定量评价机制。例如，阅读教育专著1本为10分，在读书分享会上交流1次为10分；主讲1节研究课为20分；成果获奖，国家级、省级、市级分别为50分、40分、30分；参加1项课题实验为50分；出个人教育文集为300分；归纳新课堂教学特点为100分；撰写教育博客，每篇为5分；论文、案例获奖，国家级、省级、市级每篇分别为30、20、10分。此评价机制每100分为1段，900分为9段。此外，我们还可以为小组设立荣誉证书，为个人设立段位证书，以此充分调动成员参与教学教研活动、想方设法多出研究成果的积极性及主动性。

3. 学会自我评价

名教师工作室考评激励机制，要明确一个价值取向——以评促建，引领发展；实施两大策略——建立评价体系，运行科学方法；抓住三个节点——评估前评估专家认真研讨、达成共识，评估中深入实际、精细操作，收集尽可能翔实的信息，评估后与工作室深度沟通、协商，将评估报告返回工作室，工作室根据反馈意见再做修改，以期双方达成最大共识，使被评估对象最终接受评估结果，并着力改进、完善。这是评估工作成功的根本标志，也是名教师工作室评估的初衷和终极目标。

名教师工作室主持人需基于自身建设、教师成长、课题研究三个方面建立科学合理的分类评价标准。具体到操作层面，可实行周期性考核，在期终总结时对在周期考核中取得优秀、良好等次的工作室成员进行表彰和奖励。主持人通过对名教师工作室成员进行评价，发现每位成员的优点与不足，并跟成员一起分析原因和应采取的对策，促进工作室成员扬长避短、全面发展以及风格、特色的形成。

名教师工作室应实行"定性定量"的评价机制，即定量的过程评价和定性的结果评价相结合。定性评价可以为用好评价结果做准备，在结果评价中，对名教师工作室成员工作的优劣进行评判，帮助工作室成员找出差距，扬长补短，改进工作方法，提高工作效益；在过程评价中，采取定量的方法，制定《名教师工作室成员年度考核细则》等一系列量化标准，避免走过场，搞形式主义，确保工作室各项工作科学、高效地运行。

　　及时总结、明确职责、合理评价是紧密联系的三个维度，也是不可分割的整体，只有在运行中将三者紧密结合，工作室才能走得更快、走得更远、走得更久。

第二节　名教师工作室团队的建设

一、打造名教师工作室团队的创新机制

要构建工作室团队的创新机制，就必须做到以下五新。

（1）理念新。工作室主持人要了解教学研究的前沿思想动态，明确研究的热点课题，做到不跟风、不落后。同时，工作室开展活动时要把教育行政部门的文件精神领会透彻，这样才能做到紧跟教育方向，不会出现脱节的无用研究活动课题。

（2）研新学。名教师工作室本质上是以学习为主的组织，在成员加入名教师工作室前期，还需要有一定的培训，工作室主持人通过其整体情况来制订成长计划，树立正确的学习目标，实现其快速发展。同时，工作室主要的侧重点应该定位在读书上，通过改变成员的心理来改变其行为，从整体上提高其素质。当然，工作室成员也不能仅限于阅读，对应的课堂观摩学习也是非常必要的，通过学员之间相互观摩或者聆听专家讲座、研讨会等接受先进教学理念，与时俱进，逐步形成自己的教育观。学校在研习过程中要善于思考，发散思维，通过实践增强自身的思想意识与能力，不断地研究出更有价值的学术成果。

（3）引领新。对于名教师工作室来说，它是一个团队在努力，工作室的每位成员都要参与进来。在团队中，他们可以通过优势互补来提升自己，每位成员都是优秀的个体，通过经验共享，避免出现更多不必要的问题。对于教师来说，其教学能力的展现是专业水平的一个直接体现。名教师工作室应将示范课、研讨课及观摩课等作为常规的教研活动，在实践中不断发现自身问题并进行改进。教师应将教学研究列入自身规划，形成发现问题、研究问题的习惯。

当然，教师在追求教学艺术与教学方法的同时，还需要具有自身的风格与特色。在形成自身风格、特色之前，可以先借鉴名师的风格，通过对其风格深入分析与研究，找出适合自己的教学风格。针对工作室的集体活动教学，在举办完集体活动之后，工作室主持人须带领全体成员对活动进行总结分析，对应的研究任务以及研究活动必须跟上，为下次集体活动总结经验。

（4）成员新。名教师工作室成员较多，且教学水平存在一定的差异。因此，工作室成员要有一定的层次性，工作室是培养名师的基地，普通教师想要更优秀或者成为名师需要付出更多的努力，为成为明天的领军人打下坚实的基础。因此，名教师工作室的成员需要明确自己的责任，严格遵守名教师工作室的规章制度。工作室主持人将成功经验传授给新成员，为新成员提供更新的理论知识以及更多、更优的教学思路和教学方式。

（5）成果新。名教师工作室想要更好地运行，不仅需要内部机制，还需要外部机制的支持；两者之间，内部机制占据更主要的地位，通过相互作用与优势互补促进名教师工作室更快发展。具体而言，名教师工作室的建设目标定位在"打造优秀群体，产生名优效应"上；名教师工作室的课程定位在"开展课题研究，适应自身发展"上；名教师工作室的形式定位在"整合实践活动，优化研训过程"上；名教师工作室的管理定位在"建立多元机制，体现人文关怀"上。

新的理念，新的知识，多元化的研究团队，是名师工作研究的新课题，其中的研究成果就必然是新的。

二、名教师工作室团队归属感和自豪感的凝聚

名教师工作室是教师专业发展的共同体，加强团队建设，培育和增强名教师工作室团队的归属感和自豪感，对发掘名教师工作室发展的动力与潜力具有十分重要的意义。凝聚名教师工作室团队的归属感和自豪感可从以下四个方面着手。

（一）明确发展愿景：以目标为引擎

教师对名教师工作室的认同是名教师工作室团队的归属感和自豪感形成的基础。教师对团队的认同感源于团队的成就和对美好未来的憧憬。有梦想的团

队才是伟大的团队，而梦想来自共同的愿景，团队赋予教师的目标感越强，教师个体的信心就越足，参与就越投入，工作也就越有劲。美好的愿景能振奋人心，启迪智慧，激励发展。

名教师工作室主持人要遵循教育规律，立足工作实际，准确把握团队发展的方向，制定科学合理的发展规划，做好顶层设计，合理分工。名教师工作室的愿景应包括两部分：一是发展方向，二是实施蓝图。名教师工作室主持人要精心谋划，以目标为引擎，尽可能地明确工作室团队和成员的发展目标，增强教师的成就感，给团队以鼓舞，引导教师自觉将个人目标融入团队发展目标之中，以此培育与增强名教师工作室团队的归属感和自豪感。

（二）营造和谐氛围：以情感为纽带

一个和谐的团队要关注个体利益，尊重个体利益，要认识到没有个体利益也就没有集体利益。对于名教师工作室计划的组织实施，主持人要尽可能地多听老教师的意见，组织团队成员集思广益，在充分讨论的基础上优化活动方案。名教师工作室要营造民主的氛围，让团队成员的意见有倾诉的渠道，并吸纳合理的意见和建议，在名教师工作室的实际工作中予以体现，以增强教师的认同感与成就感。

情感是团队的润滑剂，情感产生默契，缺乏情感的团体是难以产生归属感的。名教师工作室要注重营造和谐的人际关系，营造相互信任的组织氛围。情感的建立需要沟通，名教师工作室要建立有效的沟通渠道，避免"零和博弈"，要注重对团体的评价，引导合理、良性的竞争，实现利益上个体之间、组织和个体之间的双赢。在工作中，名教师工作室主持人应及时总结，及时鼓励，让教师们看到自己工作的进步与研究的成果，让他们感受到工作的意义，从而增强他们在名教师工作室团队中的归属感和自豪感。

（三）加强制度建设：以规则为保障

制度是一个团队的骨骼，良好的制度是团队利益、个人利益最大化的保障，良好的制度环境有利于培养教师的规则意识。注重情感并不是追求一团和气，要通过严格的制度落实形成团队自身的行为习惯及行为规范。名教师工作室团队建设要遵守"热炉法则"，保持制度的必然性、一致性、即时性和公平性，充分发挥制度的警示功能。

名教师工作室团队建设要力求将学术性规则和行政性规则相结合。学术性规则着眼于认识和把握教师专业发展问题的本质，是名教师工作室活动规则的核心；行政性规则着眼于名教师工作室的顺利开展，是为实现名教师工作室目标而服务的。名教师工作室团队建设要注重分工与合作相结合、激励与惩罚相结合，树立教师的敬畏之心。管理中的"酒与污水"定律告诉我们要及时清除"烂苹果"，对有害于组织的思想及个体要及时清除，因为烂苹果最可怕的地方就是它有惊人的破坏力和传染力。因此，我们必须用制度约束名教师工作室团队的行为，用规则维护工作室团队的利益。

（四）尊重个性发展：以实绩为标杆

团队精神以共同的目标、共同的利益、共同的价值取向为基础，但也并不是去除个性的趋同，而是要尊重个性、发展个性。"适合的才是最好的"，普适性的经验和做法是很少的，团队精神不是以求"同"为目标，而是以求"和"为境界，发挥团队中每位教师的能力专长及各自优势，进行优势互补，取得1+1>2的整体效益。

团队的成就源于个体的成就，要尊重教师个体的工作，引导教师树立"成功靠自己，完美靠合作"的观念，帮助教师在团体中实现个性的完善、自我价值的实现，使每一位教师找到合适的价值定位，以名教师工作室团队和成员个人的实绩增强个人在名教师工作室团队中的归属感和自豪感。

总之，名教师工作室团队的归属感和自豪感的凝聚是名教师工作室从理念到行动、从抽象到具体的团队文化建设过程，在增强团队成员的目标感、认同感，使他们拥有获得感、成就感后，团队的归属感和自豪感就会转化为教师凝心聚力、协作共进的日常工作动力，并成为一种自觉的行动。

三、实现名教师工作室组内的沟通

要想让名教师工作室组内的信息沟通传播有效，激活成员内驱力是必不可少的，同时要做到资源共享，积极开展形式多样的活动。工作室可运用现代信息技术提供的平台，分组进行合作讨论学习；设计有意义的比赛及课题研究活动，以获取有效信息、进行教学教研成果的分享等；还应采用科学的评价机制、举行研讨会、利用任务驱动等有效策略激活成员的内驱力。

名教师工作室进行组内沟通，通常可以从以下四个方面入手。

（1）开展活动。工作室要开展课题研究、青年教师培训、名师论坛、名师例会、创新项目研究等活动，活动的形式要多种多样。通过这些创新活动来研究新的教育教学方式，拓展成员自身的教育教学理念，快速提高课堂教学效率，提升工作室的整体教学水平。当然，一同聆听专家讲座并进行讨论或者开展相应的培训会，共同竞争并进步也是非常好的一种形式。

（2）将现代信息技术融入其中。名教师工作室的信息需要对外传播，日常工作需要沟通交流，这些均离不开现代信息技术的支持。互联网具有开放性、快捷性、广泛性等特点，名教师工作室可以利用这些特点来实现资源共享。例如，建立独立的名教师工作室官网或者平台，将专题讲座及研讨会等移至网络平台，形成在线交流活动等。

（3）小组合作。工作室主持人可以将工作室成员教师分成若干个小组，小组成员可以在组内进行交流，也可以建立小组微信群，这样既能在集中培训时表达不同的观点和探讨解决问题的方法，又能为学有困难的教师提供帮助，真正发挥团体的合作精神。除此之外，教师在讨论交流时要学会相互尊重，学会倾听，学会合作学习。

（4）比赛。工作室主持人指导成员多参加"一课一名师"等优课比赛。参加精品优质课比赛教师培训等活动，对基层教师的专业成长能起到有效的推动作用。工作室主持人多设计有意义的比赛，能让教师从比赛中得到有效的信息，把从比赛中获得的先进教育理念传播开来。

第三节　名教师工作室的示范引领作用

一、名教师工作室成员内驱力的激活

内驱力是指在需要的基础上产生的一种内部唤醒状态或紧张状态，表现为推动有机体活动以达到满足需要的内部动力。有机体会产生各种需要，当需要无法得到满足时，有机体会产生内驱力。这一解释有三个词值得我们认真地关注："唤醒状态""满足需要"和"内部动力"。

名教师工作室成立的目的就是要工作室成员能在本区域内起示范、引领作用。要达到这一目的，必须把名教师工作室成员的内部动机激发出来，使他们的潜力得到最大限度的发挥，成长为名副其实的名师。因此，用策略激活教师的内驱力不失为一个好方法。下面笔者将从理想信念、任务驱动、集中研讨、有效评价四个方面展开论述。

（1）理想信念把方向。要想名教师工作室的每一位成员都最大化地发挥作用，必须坚定他们的理想信念。工作室的理想信念是：不能仅仅把这份工作当作荣誉，而是要利用这个平台锤炼过硬的本领，从而开启学科引领的"辐射源"，建立结对帮扶的"加油站"，开辟青年教师成长的"示范园"，使之成为"名师展示的舞台、教学示范的窗口、科研兴教的引擎、教学改革的前沿、骨干培养的基地"，为提升区域教师专业水平，提高教育质量做出贡献。

（2）任务驱动助成长。为了使每一位教师在日常教学中扎实教研，通过名教师工作室平台快速成长，工作室可以制定每学期"八个一"的工作任务：做一套高质量中考模拟试题或者期末综合试题，上一节高质量的录像课，上一节高质量的校级或者区域公开课，指导青年教师上一节校级公开课，看一本教育专著，至少组织一次校级活动，撰写一篇论文（案例、教育叙事、教学随笔、心得体会等）或反思，或写课题研究的相关成果，在校级及校级以上讲座一次。

（3）集中研讨聚智慧。工作室每学期至少举行一次研讨会，会议的主要任务是按需培训、解决疑点难点问题，最后展示成果。通过学习，学员的思想产生共鸣，群体智慧得到聚集，行动上有了指导方向，枯燥的学习变为有兴趣的学习。名师的精当点拨、学员的探究学习让思维在交流中碰撞出灵感的火花，从而真正解决学员的问题所在。

（4）有效评价增激励。建立科学的评价机制，激励工作室的每一位成员扎实研究，是开展工作的基本保障。经过成员集中讨论，工作室可制定量化评分表，对工作室每一位成员的工作进行量化考核。除了定量评价外，学习委员还要对每一位成员的平时表现做好记录，对成员进行定性评价。采用定性与定量评价结合的方式对成员进行考核，有利于规范过程管理，保障工作顺利开展。

二、名教师工作室推进成员所在校的教学改革

纵观教学发展现状，教学应实行城乡一体发展，增强乡村教师的效能感；要实行整合促进，构建高效课堂，开展深度教学、创新融合教学；要确定具体行动策略，成员驱动发展；还要实行创新，引领成员校积极参与进来。在此情况下，名教师工作室为青年教师的成长提供了平台，它正推动青年教师队伍逐步朝优质化、科研化方向发展。

（1）城乡一体。我们可以从安排城乡交流课开始，到市级开放课、市级公开课，将工作室活动列入市级教研计划，由市教育局教师发展中心发通知，安排日程。开课的现场就在乡村教师的学校，由乡村教师唱主角，增强名教师工作室平台乡村教师的自我发展效能感，使其主动地参与进来，通过听讲座、观优课、磨课、赛课、研究交流，不断提升自身专业素养。

（2）整合促进。名教师工作室通过交流，改变课堂教学模式，形成"生进师退""跨界教师"的模式。教师要让学生自主学习逐渐取代教师的教学，让学生成为课堂的主角，教师退居幕后，变成"编剧"和"导演"，从而使课堂更灵动、更有趣、更高效。工作室更应该以构建高效课堂、开展深度教学为目标，以信息技术支持下的创新融合教学为突破口，注重培养学生的学科整合能

力和跨学科综合素质。我们应该积极探索实践，不仅要让教学效率得到提高，还应该改变课堂教学方式，形成以学生为主体、以学定教的课堂，使学生参与课堂的广度、深度大幅提高。

（3）驱动发展。将师德建设贯穿于名教师工作室工作的始终，更多的是将其渗透在各类活动中，使工作室成员把教育教学当作实现人生价值的事业，具有追求卓越、勇于超越的意识，具有强烈的反思意识和发展意识，具有强烈的专业自律、专业自主意识，具有较高的师德水平、专业知识、专业能力和专业智慧。成员的每一步成长都需要他们具有强烈的内驱力，内驱力源于成长需求。因此，工作室每一学期的目标要具体，包括教学业绩、教师培训讲座的节数、周期内的提升需求、发表论文或出版专著、研究课题的数量等，以让成员确定具体行动策略。

（4）创新引领。工作室通过申请的研究课题，带动成员所在校积极参与，通过学术交流、读书报告、成果推广、发表论文、出版著作等多种形式推广工作室研究成果，促进全体成员进入自主发展的快车道。

三、名教师工作室的教学艺术推广

教学艺术是教师遵循教学规律，为有效提高教学效果而采用的创造性的教学方式与方法。名教师工作室要注重教学信息的传递艺术、教学环境的调控艺术、教学方法的优化艺术及教学活动的应变艺术。

一是注重教学信息的传递艺术。①言语信息的传递艺术。工作室教师在表达时，要用简洁的语言去有效表达。教师在课堂上要做到不说一句废话，促进高效课堂的生成。语言要生动形象、情感真挚、幽默风趣。②非言语信息的传递艺术。工作室教师要注重体态语的表达艺术、板书艺术、课件制作艺术三点，为学生创设一种"此时无声胜有声"的教学情境，充分调动学生的各个感觉器官，以达到最佳的教学效果。

二是注重教学环境的调控艺术。名教师工作室在任何一场教学活动中都要提前创设一个良好的外部环境和心理环境，使教学场所、教学设施和课堂的自然条件等能为学生营造出好的学习氛围和情境；使教学活动中的教学氛围、人际关系等自然、和谐。

三是注重教学方法的优化艺术。名教师工作室在教学方法的优化上要使教学方法灵活而多样，动态而形象；要在改革中不断创新，让教师灵活地运用教学方法，以达到高效的教学效果。

四是注重教学活动的应变艺术。名教师工作室要注重培养学员在教学活动中的应变艺术，使其能创造性地运用教学规律和心理规律，随机应变地处理教学过程中出现的突发事件，真正关注学生，真正地掌控、驾驭和协调课堂。

第四节　名教师工作室成员的专业能力提升

一、基于名教师工作室的课程专业能力提升

（一）发挥名教师工作室主持人在磨课中的指导作用

磨课，就是认认真真、仔仔细细、反反复复地推敲、打磨课程。一个"磨"字道出了修改斟酌过程中所耗费的心血和汗水。不过，这磨课的"磨"字就如侠客十年磨一剑、修炼得道一样，道出了一节好课的艰辛和不易。

磨课从大的范围来讲，属于备课的范畴，但从另一个角度讲，跟备课又有很大的差异。磨课的目标比一般的备课要求更高，磨的是精品，是站在艺术的层面来要求自己的课堂。这就需要更强烈的职业精神，不计时间和精力，来来回回地推敲、打磨课程，使磨课者的水平获得螺旋式的上升。

目前，赛课前的磨课几乎已经常态化，学校各学科教研组、各年级部备课组每周定期活动，介绍听课新知体会，统一进度，交流经验，有经验的教师对年轻教师或老教师对新教师传、帮、带，共同研讨教法学法，编制周课教案、学案，反复推敲试讲等。在磨课的过程中，各教研组也积累了丰富经验。

磨课活动要以5~10人异质同组为宜，名教师工作室无论是成员的人数、经验和智慧，都为磨课提供了更好的条件。那么，作为名教师工作室主持人，在磨课中发挥指导作用时，除了常用的磨课方法和模式外，还应该关注思想和氛围。

1.舆论造势，端正认识

（1）名教师工作室主持人要使磨课人员充分认识磨课的意义。①磨课是一种发现。在磨课的过程中，我们不断发现问题，发现矛盾，发现盲点，当然也在不断发现教育教学的规律，不断发现知识的特征和知识的美，不断发现教师

自身的优势和劣势，不断发现学生的个性。这种发现为我们打开了一个又一个新的天地，指引着我们前行。②磨课是一次重新出发。磨课不是一直往前走，同一节课在不同的班级上，从形式上看都是回到原点重新上课，但其实每一次都是带着前一次的发现重新出发，每一次出发都是在不断地接近本真。

（2）激励磨课人员追求生命的价值。①享受职业的高峰体验。每天没有变化的备课、上课会让人对教学产生厌倦，而打破这种平衡来磨一节课，给人的感觉就不一样了。它让你的智慧和才华汇聚到这节课里，让你更能产生一种成就感、价值感。②树立干事业的心态。职业和事业最大的区别是是否以此为乐，并不断追寻更高的境界。因此，激励磨课人员把职业当作人生最伟大的事业，锲而不舍地思索、精益求精地实践，从而在追寻的过程中实现生命的价值，享受成功的快乐。

（3）营造团结奋进、开诚布公的氛围。①以"诚"为基，以"谦"为础。所有磨课人员必须保持诚恳和谦虚的态度，听课人员不保留意见、经验，上课人员不计较态度、语气，共同学习，共同研讨，把每一课当作自己的课来钻研，把每一课当作集体的课来商榷，力求磨出精品，磨出高度。②以"争"为经，以"谐"为纬。坚持自己正确的意见，汲取别人优秀的经验，努力提升自身职业修养，应该成为磨课人员最基本的要求。同时，以集体的任务为己任，以成员的进步为快乐，团结奋进，和谐共处，这是工作室最理想的状态。

2. 善于学习，敢于创新

（1）彰显创新意识。磨课有个人思考的成果，也有群体的智慧，如何更符合地方及学生实际，如何在几轮磨课当中更富新意和创意，使得听课学生、教师不感到乏味？教师绝不能照搬教材，而是要对教材有所创新。因此，这就要求教师在备课时积极查找各种资料，对课堂教学过程重新整理并融入自己的创新因素，使每堂课都有让人眼前一亮的感觉。议课时，教师的点评必须从自己的角度出发，观点必须新颖、独特。思想的碰撞更能闪现出创新的火花，合理的借鉴则又是创新的开始。在教师的课堂展示和磨课材料当中，处处彰显教师的创新是磨课成功的一种体现。

（2）形成磨课的基本程序。磨课是一个反复打磨的过程，一般有以下程序：选定磨课课题—开展备课分析；编制教学方案—在备课组说课；集体讨论修改—专家指导，同行对比研讨；二次修改方案—组织同伴观课、议课；三改教学方案—二次执教，录像回放；四改教学方案—如此反复，直到满意为止；形成终结教案—撰写磨课体会—磨课教案结集共享。

3. 勇于推翻，不断超越

在磨课的过程中，免不了同一内容要反复上、反复改，有时甚至要对原先的教学思路全盘推翻，这是一种痛苦的超越，因为推翻的也许正是自己或整个团体当初引以为豪的"金点子"。磨课也常常使我们把原先清晰的教学思路越"磨"越模糊。开始时，上课的观点全是自己的，思路自然比较流畅，但随着磨课的不断推进，大家的思考逐渐深入，观点也随之分化，有时大家的思维会发生碰撞，甚至背道而驰。舍谁取谁，那种彷徨和无助没有"磨"过课的人是难以理解的。在磨课的教学设计、教学环节、教学方式方法处理的辨析、比较、取舍中，交锋、碰撞时有发生，这个过程其实就是一种交流和对话的过程，是一种逐渐逼近教学本真的过程。在这一过程中，不但有教学技艺层面和教学技术上的调整与定型，更重要的是青年教师会得到教学智慧上的锤炼，从而丰富、充实自己的专业发展之路。

磨课的最终目的是体现和展示备课团体对"理想教学"的一种追求。它也许暂时无法或自己没能在课堂中得到完全的实施，但它展示的是理想、是追求、是目标。磨课可以使每一位参与者对这种理想、追求、目标理解得更立体和更透彻。工作室主持人是一个团体的灵魂人物，既要帮助磨课人员树立高远的目标，又要在集体内营造吃苦耐劳、团结奋进的氛围，同时还得坚持理论与实践相结合的原则，积极调动各方面的资源，使磨课的效果最大化。这对工作室主持人来说就是一个贯穿始终的考验。

（二）在磨课中执教教师对待各种意见的处理

在磨课中，执教教师可以采取以下措施对待和吸纳各种不同的意见。

1. 虚怀若谷，摆正心态

很多年轻的教师，由于一次次的试教、一次次的备课、一次次地被推翻从头再来，在执教中难免会失去信心、耐心，甚至厌烦想放弃，但又迫于自上而下的压力不得不执行，故而存在应付心理，糊弄一下了事，从而导致磨课时间长、效率低，形成事倍功半的低效状态。此时，执教教师要虚怀若谷，博采众长；要学会自我疏导，高站位地看待磨课，明了磨课中各位教师、领导提出的意见既是为了促进执教教师成长，也是为了团队荣誉而战，一定要摆正心态，明确磨课的意义。

磨课的主要目的不仅仅是上好一堂课和"磨"出一堂"样板课""精品课"，更是让教师经历教学设计的全过程，从"磨"中自我学习、自我感悟、自我建构。磨课是为了使教师在预设和应对"活"的教学活动中变得更理智，更成熟。磨课的意义更是为了打磨出精品课堂，打磨出执教经验，打磨出执教能力。

因此，雕琢打磨好课堂需要教师集体和同伴互助，专业切磋，协调合作，共同分享经验，互相学习，彼此支持，共同成长。这样是为了把群体实践智慧与个人经验提升有机结合起来，是为了把教研活动质量与教学活动质量有机结合起来，共同发展，高效教学。

态度决定一切，执教教师磨课的态度摆正了，有了大局观、上进意识、团队精神、集体荣誉感，再苦再累也能冲锋向前，破茧成蝶，浴火重生。

2. 虚心倾听，及时记录

由于各位观课教师提的建议多而繁杂，执教教师不可能快速记住与吸收，执教教师可以先将各位观课教师的建议录音，避免漏掉建设性意见；同时，对于已经录好的材料要分类记录，以便后期修改时方便使用。

3. 筛选梳理，创新设计课程

磨课时，各位导师的意见和建议多有不同，那么，执教教师如何恰到好处地汲取智慧与养分呢？

（1）学会取舍，保留个性。

在良好的生态环境中，植物的成长需要充足的阳光、雨露、沃土、肥料，但这些养分若单向汲取过多的话，必然适得其反。如对于兰花来说，过度的阳光必然使它枯萎，过度的水分必然使它烂根，汲取适宜的养分才是生存之道。一堂课如一株植物，要想出精品课需执教人适当地给予养分和艺术的滋养。

磨课是要结合自身的特点、性格、气质等方面因素，"磨"出属于自己个性的课，"磨"出属于自己风格的课。磨课的过程就是一个学会取舍的过程，对待他人的见解或专家的建议，一定要看是否适合自己，适合的可以借鉴，不适合的要坚决舍弃，磨课绝不能被别人牵着鼻子走。

（2）去伪存真，创新高效。

在磨课中，执教教师在博采众长时一定要因地制宜地汲取与吸收，要坚持"四项基本原则"，即有的放矢原则、因材施教原则、相观而善原则、锤炼语言原则。执教教师一定要做到心中有数，所有的意见与建议必须为高效教学服务，避免教学目标异化、教学内容泛化、教学手段繁化、教学活动浅化、教学方式虚化。因而，我们要自我考问，教学目标是否简明、教学内容是否简约、教学环节是否简化、教学方法是否简便、教学媒介是否简单、教学用语是否简要。这样的呈现是否是智慧的课堂、艺术的课堂、趣味的课堂、生活的课堂、自主的课堂。

4. 认真反思，深入内化

执教教师要和自己进行多次对话，将观课教师的反馈进行深入剖析、对比、内化，不解之处，再次沟通，直到自己通透为止；然后进行自我模拟，可以对着镜子，也可以构想课堂，对改变的环节或者整节课进行演练。这样内化于心、外化于行的操练可以减少磨课的次数，大大提高磨课效果。

5. 不断锤炼，反复实践

对大家的意见与智慧进行了梳理、反思、模拟后，执教教师若不实践便是空谈，实践是检验真理的唯一标准。因此，执教教师要反复试课，反复实践，实践后再次深入思考，反复推敲，不断追问自己，是否已将先进的理念落实于教学实践之中，自己的课堂教学行为与驾驭课堂教学艺术是否得以提升，通过在实践中成长，从而打造高效课堂。

6. 积极总结，智慧研究

高效课堂在智囊团的协助下已经达成，此时还不能结题，执教教师应当在实践中学会总结，把磨课中的成功、失败、疑惑、经验、教训等详尽地记录下来，应该在深刻思考的基础上提炼归纳，形成自己对某一问题新的认识和见解，作为下一步研究学习的新起点，在智慧研究中快速成长。

总而言之，一块美玉需要精心打磨才成，一节精品课更需要执教教师去繁存简、去伪存真，谦逊、智慧、艺术地去设计、演绎，只有这样，才能在不断打磨中成就学生，成就自我，成就团队，实现共赢。

(三）课例研究成果表达能力提升

案例研究在法律、医学、金融、工程等各个领域的运用由来已久，将其应用到教育领域的课堂教学研究中，则称为"课例研究"。它是教师个人或某个教学团体研究沟通理论与实践的教研形式，是一个优秀课例的动态生成过程。

"课例研究"既然赋予了课例"研究"之名，是期望课例不仅要呈现出一节课的授课过程，而且要把这节课作为课堂教学案例的载体，针对需要解决的问题，对课例进行改进和提升，并指出为何如此改进，其理论依据是什么，研究思路是什么，研究结论是什么，进而有利于更多教师从课例研究这种形式中学习教学思想、感悟类似课例中问题的解决方法。所以，课例研究是基于一定的教学理论，聚焦某个研究主题，对真实课堂教学过程所展开的研究行动。

课例研究具有发展教师学科教学研究能力的价值。所以，课例研究者如何陈述课例的改进提升过程，如何提炼研究的主题及阐明主题背景，如何处理研究主题与课堂教学情境或内容的关联性等相当重要。这就要求课例研究者在成果表达中注意体现以下几个要素。

1. 研究背景与主题

研究背景与主题是课例研究的第一要素，这一要素可以从三个方面进行阐述。

（1）选题缘由。研究主题的提炼源头是什么，为何聚焦这个主题研究？这就需要交代该课例研究产生的背景。学科教学课程标准、学科核心素养、教育发展的趋势、教育理念的践行、教师教学现状的分析、学生学情分析、课堂教学目标等，都可以作为课例研究的背景。它们可以帮助读者理解课例中改进课堂教学的具体背景和条件。

（2）研究意义。通过课例研究能改善哪些教学方法，建构哪种教学平台，更新哪种教学理念，培养学生哪些能力与素养等，通过对课例研究意义的确定，可以使读者感受到整个课例研究的价值和意义所在。

（3）研究主题。研究主题是如何选择的呢？教师有一种常用的文章体裁——教学随笔，它一般是针对一节课的课后反思，或观察了一类课之后有感而发。这类教学随笔吸引人的独特之处是：生动性、情感性，但缺乏围绕一个主题的深入提炼、缺乏理论角度的诠释。如果把教学随笔中的课例用作"课例研究"，从中选取一个具有典型性的问题进行研究，那么，这个问题就要小，小到有聚焦点，这样才能做到小而精、小而深。这时候，研究主题就提炼出来了，即通过此课例的研究，能解决哪一个或哪一类问题。研究主题最好在课例研究的主标题中显示，这样，读者可以在读标题时就明确这个课例研究所探讨的问题。然后在接下来的内容中，作者再对主标题中提出的研究主题进行具体详细的阐述。

2. 教学实践与分析

课例研究最大的特点是在行动中研究，它非常关注原始的课堂上实际发生了什么，所以，教学实践与分析是课例研究的第二个要素。这一要素需要呈现三点。

（1）教学设计与意图。此部分用来说明课例中试图用什么方法解决问题，对与研究主题不太密切的课堂教学设计简要叙述即可。

（2）教学实录或课堂观察。这里的课堂实录不要求其完整性，细节可以适当删减与调整，保留围绕研究主题必须呈现的部分。课堂观察是课前、课中、课后所实时进行的活动，包括研究人员、执教人与学生之间的交流，如对话及讨论。这一部分是课例研究改进的核心部分。

（3）分析与反思。此部分类似于教师教学常规工作中的"教学反思"，只不过课例研究中"分析与反思"更翔实，需要运用一定的理论去分析，如教学目的是否达到、教学效果是否最佳、研究主题是否突出，进而反思怎样在课例中解决研究的问题。

3. 教学改进与效果

参加过优质课比赛的教师都经历过备课、上课、磨课、完善教案的过程，其中的反反复复可能是三备两磨，也可能是多备多磨。课例研究的过程也是让大家共同磨出一节优质课的过程，与打磨优质课相比，只是多一些研究记录、多一点文本体裁的要求。所以，课例研究要循着课例研究的进程一步步描述，既不能减少环节，又不能忽略表达要素，需要呈现给读者已改进的教学设计，并说明删减了哪些部分、突出了哪些部分，为什么要做这样的改进；还要阐述改进后的二次教学实录中的教学效果如何，然后用一定的理论分析为什么问题得到了解决。这一表达要素使读者清晰一节优质课例产生的来龙去脉，否则，

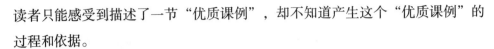
读者只能感受到描述了一节"优质课例"，却不知道产生这个"优质课例"的过程和依据。

4. 研究成果与结论

研究成果可以通过比较两次课堂教学的异同来展现，形式有列表格，即对各项逐一对比、分类比较等。这一要素是交代对于课例研究中不同阶段出现的问题如何理解和处理，包括改进的原因，也就是要归纳出课堂改进"好"在哪里、"好"的理由，最终得出对主题研究的结论。研究结论应该是归纳型的，内容紧扣研究主题，概括和提炼出在课例的改进与研究的过程中，获得的理性认识或者初步结论。

课例研究是发现教学问题—进行课例研究—实施行为改进—解决教学问题的过程，就研究步骤来说，它是"计划""执行""结论"三部曲。精彩的课例研究没有什么固定的行文格式，但仔细研读，以上的表达要素要一一具备。如果再配以自己独特的文风和生动的语言表达，一篇枯燥的学术论文也能像好的文学作品一样，不仅让读者受益匪浅，还能让读者享受到意犹未尽的酣畅。

(四) 提升名教师工作室教学反思与评价能力

课堂是教与学的阵地，是教师、学生、文本之间对话的现场。作为教师，我们应该秉持什么样的教学观，坚守什么样的课堂生态，培养什么样的教学素养，形成什么样的教学能力，等等。这些问题，只有教师心里有明确的答案，才能在教育教学的实践中找准前行的方向，否则，即使走了很远，也会违背我们教育教学的初衷。"经验+反思=成长"，反思自己的行为，记录过程中的所得、所失和所感，以反思促教学，长期积累，必有聚沙成塔之收获。

通过名教师工作室提升教师的教学反思能力，通常可以从以下几个方面着手。

1. 增强问题意识

思维是从问题开始的。要想解决问题，就必须先发现问题，具备"问题意识"。但现实中，许多教师尤其是刚入职的教师，往往不知道自己在教育教学方面存在什么问题。究其原因，主要是他们的"问题意识"比较淡薄，具体表现为反应迟钝、自我感觉良好，或满足于现状，对自身存在的问题不重视，对小问题熟视无睹、大问题解决不了；工作懒惰，不愿正视问题，更不愿分析问题和解决问题；漠视新生事物，试图以不变应万变，以小变应大变，以迟变应快变；不敢正视问题，不愿意承认差距，甚至是讳疾忌医，文过饰非。因此，教师要增强问题意识，应从以下两个方面入手。

首先，培养良好的观察习惯。科学研究表明：人的大脑所获得的信息有80%~90%是通过眼睛和耳朵吸收来的。对于教师来说，如果想要找到可值得借鉴和改进的问题，就要在教学中做有心人，善于借鉴别人的成功，善于发现学生的细微变化及自己的不足，并进行深入思考，寻找相应的对策。

其次，养成大胆质疑的习惯。质疑是觉醒、领悟的基础。在教育教学过程中，教师一定要多问几个"为什么"，并及时正视这些"为什么"，积极想办法解决，以提升自己分析问题及解决问题的能力。

2. 重视合作探究

教学反思是教师以批判性思维来审视自己教学行为的过程，有着强烈的主体性和独立性。但是，合作探究对于教学反思而言也同样重要。教师之间的合作探究是一种相互沟通、相互补充、相互交流、相互影响、分享经验、分享智慧的过程。合作是探究取得成功的重要途径，通过合作探究，最终达到共进、共享的目的。

教师之间合作探究的形式大致有以下几种：一是互动式，即以沟通对话为主，相互交换看法和资源，协商解决问题的对策；二是研究式，即以研究学习为目的，举行专题讨论、听课评课等活动；三是互助式，即为了突破某一关键问题而开展跨学科、跨年级合作；四是媒体式，即通过网络媒体，如博客、QQ群、微信群等网络平台参与合作。实践证明：以备课组、教研组为单位，以个人总结和集体讨论的形式，以集体备课和共同听课为平台，就是一种极为有益的合作探究的教学反思方式。在这样的教研活动过程中，教师以团队成员的身份，聚焦他人或自己的教学情境与体验，其结果是自觉或不自觉地加入了反思者的行列。

3. 掌握反思方法

要做好教学反思工作，教师要掌握教学反思的方法与技巧。

首先，要熟悉反思的过程。一般来说，教学反思的过程分为发现问题—分析问题—提出假设—验证假设四个环节。

其次，要合理选择反思方式。反思方式主要有如下四种。

一是内省式反思，即通过自我反省的方式来进行反思，通过反思日记、课后反思来完成；二是学习式反思，即通过理论学习或与理论对照的方式进行反思；三是交流式反思，即通过与他人交流来进行反思，可用观摩交流、学生反馈、专家会诊等方法进行；四是研究式反思，即通过教学研究来进行反思。教师要根据教学实际合理选择相关的教学反思方式。

最后，要写好教学日志。写教学日志，就是及时将自己教学中的关键节点、得失、感受等记录下来，便于以后进行反思和分析研究。教学日志的内容主要包括教学的成功之处、不足之处、教学灵感、学生的课堂反应、改进策略等。教学日志贵在及时、真实、坚持。以记导思、以思促改，日积月累，必会厚积而薄发。

教学反思就是期盼教师以思考者、追问者、探究者的姿态来看待教学中的一切现象，以增强教师的问题意识和解题能力，提升教学智慧。当教师对习以为常、见怪不怪的教学现象能够主动追问"为什么""怎么办"时，也就意味着教师已经养成了教学反思的良好习惯，具有了研究者的特质。从这个意义上来说，教学反思既是教师专业发展的起点，也是自我成长的恒动力，更是梦想成真的阶梯。

（五）通过名教师工作室提升授课能力

国内经济与社会的不断发展赋予了当代教师更多的挑战，给教师提出了更高的标准和要求。当今，我们要培养学生的核心素养，立德树人，努力为国家输送德才兼备的人才。这就要求教师要上好课，将德育渗透到学科教学之中，做到知识与技能并驾，能力与素养齐驱。教师授课能力举足轻重，好教师首要的就是要上好课。通过名教师工作室提升授课能力，教师可以从以下两个方面着手。

首先，名教师工作室为教师的专业发展提供了广阔平台。众所周知，名教师工作室存在的意义就是自我卓越、抱团发展、攻关研发、引领辐射、形成范式和提质增效。在名教师工作室里，我们有优质的教育资源，有名师的示范、引领，只要我们积极上进，勇于承担任务，多向主持人及优秀成员学习，多上展示课，多做课题研究，坚持做到一课一打磨，一课一反思，在主持人及团队成员的帮助下，刻苦钻研，善于思考，善于总结，不断成长，最终一定能成为名师。

其次，名教师工作室可以给予成员内在的自我研修的动力。具体而言，教师要做到以下四点。

第一，做高情操、有理想的教师。教师要热爱教育事业，争做有理想信念、有道德情操、有扎实学识、有仁爱之心的"四有"好教师；可以的话，更向专家型教师方向发展。

第二，做勤学习、多读书的教师。一方面，教师要终身学习。世界时刻变化，知识也在不断更新。教师要不断学习，学习教育教学理论，学习专业知识与技能，学习身边同事，还可以走出去开阔眼界，跟更多的专家学习交流。总之，学无止境，当一名卓越的教师需要我们永葆一颗谦逊的心，始终行走在求学的路上。另一方面，教师要深度学习。在经历了新教师的成长阶段后，教师应该启动二次成长，在建构新课程教学模式中自我卓越，往更高处行进。当教师到了一定阶段不可避免地会有职业倦怠，当然其中还夹杂着时不时发作的惰性，教师可以采用任务驱动的模式使自己二次成长。例如，教师可以给自己定一个学期的教学、教研任务：要看4本书，要上2次公开课，期末要完成1篇论文，要做一个市级或省级课题研究等。提前将目标制定好，然后严格执行，将目标一个个达成，以实现深度学习后的二次成长。

第三，做会总结、善研究的教师。多年教学的最终目的就是发现教学背后隐藏着的规律，得出规律之后，教学上的难题也就会迎刃而解了。另外，教师走上研究这条路也可以使每日授课不至于变成单调乏味的义务，而是在研究中获得乐趣。教师应善于总结，从日常的课堂教学中总结教法，不断概括总结出其中的规律。教师应加强素质教育途径与方法的研究，加强教学中核心素养与学科课程教学的研究，加强教学管理工作的研究，进而展开高效教学，助力实现桃李满天下的愿景。

第四，做会反思、勤写作的教师。教师要对每一节课进行反思，对每一个阶段的工作进行反思，对每个具体问题、难题进行反思、不断反思，以更好地了解自己，将优点积累为成功的经验、缺点则想办法改正。另外，教师将这些教学反思写出来也是一种极好的成长方式，使勤写作这一点在教师专业能力提升方面又得到了凸显。除了写教学反思外，教师还可以写日常教育小故事、读书心得、教学心得、教学论文甚至是教学专著等。笔耕不辍，各种努力因素形成合力，可以更好地指导我们的教学教研实践，提升教师的综合素养与教研能力，出更多、更好的成果。

综上所述，教师可以通过与名教师工作室抱团成长及自我研修的途径，不断实现自我超越。教师通过一系列认真、踏实、不懈的努力，提升自己的综合能力与综合素养，提高教学教研水平，成为更优秀的自己。

二、名教师工作室的课堂组织能力提升

（一）重视学情分析

学情分析是教师在教学活动中应恪守的基本环节之一，具有十分重要的理论意义与实践价值。在教学过程中，如果每位教师都能够运用科学的研究方法，认真进行学情分析，则可以使学情分析的意义与实践价值得到充分、全面的发挥。

对学生的研究应该体现在教师的日常工作中，即备、教、辅、改、考的每一个环节都应该重视对学生的研究。只有这样，教师才可能做到因材施教，有的放矢，才能收到良好的教学效果。

1. 备课之初：研究学生

衡量教学能力的高低，尺度只有一把：以最短的教学时间获取最好的教学效果，但这却是以最慷慨的时间去换取的——教师精心备课，既备教材，也备学生。

首先，要备学情，即了解学生已具备的知识，这些知识对将要学习的新知识有哪些影响，这就要求教师在备课时，心中要有学生，了解学生已有知识的储备情况及对知识的理解能力。

其次，在选择例题时，教师也要进行以下考虑：①哪些内容能使学生的思维最大限度地被调动起来；②哪些内容能激发学生的创造性思维，并使学生的思维得到发展；③学生在哪些方面会有不同于自己的看法；④针对不同层次的学生设计不同层次的例题，进而实现不同层次的发展等。另外，教师还要备不同层次的学生上课时可能会出现的不同反应，以做到因势利导，更好地帮助学

生，提升其学习能力。

2. 教学过程：观察学生

教师课前无论下多少功夫，都不可能精准到每个学生对某个问题会怎么想、怎么做。所以，教师必须在课堂中不断观察学生，以便更准确地了解学生。在教学过程中，教师要关注学生的学习状态，当课堂上学生对某个问题跟预设有较大差距时，就应该关注课堂的生成，给足时间让学生去表达，此时，教师会发现学生真正需要的东西。

虽说"凡事预则立，不预则废"，但是这句话用在教学中就不完全正确。每个孩子的成长环境、学习状态各不相同，课堂应该是学生思维碰撞的场所，课前预设是上好课的基础，同时也为课堂的精彩生成奠定了基础。在教学过程中，如果学生对于某一问题有出人意料的回答，那么，此时教师应予以适当的点拨或讲解，这样能使课堂闪光，让学生顿悟，更容易让学生在知识、能力或方法上实现自我建构，提高学习的主动性、积极性。

总之，在课堂上，教师应该是一个教学的组织者、引导者、鼓励者。教师的主要任务是创设情境，引出问题，营造良好的氛围，激发学生的学习情感，促使学生积极探究，并在学生研讨时起到穿针引线的作用，使问题的研究不断深入，层层推进，直至达到研究目标。在课堂教学中，教师要关注每位学生的学习过程，充分调动一切积极因素，让他们的智力得到最大限度的开发。教师在教学活动中，要还给学生自由表达的时间与机会，让他们的个性得到适度的张扬；要还给学生心灵的自由，让他们的智慧得到充分发展；要还给学生亲身体验的自由，让他们的潜能得到深度挖掘。

3. 教学评价：激励学生

评价教学效果和评价学生学业成绩的本质都是教师对学生进行研究的过程，通过研究学生获得证据，确认教学是否有效，并形成不断改进的方案。教师要尊重每一个学生的个性，发现他们的优点，从一个个小目标开始，提升学生的自信心，唤醒学生内心的觉醒，激发他们学习的内在动力，那么，教师取得优异的教学成效将水到渠成。

（二）学生自主学习能力的培养

教学过程是学生从"读"到"悟"的过程，本质上是从已有知识体系向未知知识体系发展的过程，是通过不断地发现问题、不断地分析和解决问题，进而提升自己综合能力的过程。因此，教师在进行教育教学的时候，需要引导学生学会发现问题并提出问题，通过对问题的提出来链接已知与未知，从而提升学生的学习能力与自主探索能力。

1. 让学生拥有充足的自主学习时间

新课标、新课程更侧重于让学生自主学习以及通过团队合作来解决问题。学生想要快速、顺利地成长，需要在学习过程中充分发挥自身的主观能动性，通过自我学习、自我反思、自我教育，不断提升自己。想要让学生在学习过程中拥有更高的自觉性，并掌握适合自己的学习方法，从而养成热爱学习、主动学习的习惯，需要教师根据学生自身的特点进行教学。教师在了解学生学习需求与个体差异的基础上，设计适宜、有效的教学活动，增强学生的学习兴趣，使学生积极主动地去探索知识。首先，教师开展教学活动时，要以学生为本，将课堂还给学生，保证学生的自主性。现代心理学研究发现，学习是学习者自己根据自身情况去构建知识，教师讲得多并不代表学生接收得多和掌握得多，因此，教师的教育教学过程要以培养学生的自主学习能力为目标，给予学生更多自主学习的时间与空间。笔者认为，学生在进行课堂学习的时候，需要有一半左右的时间去自主学习，教师要做到精讲精练。教师在课堂中的作用，主要是通过情感共鸣与语言教学等教学手段来引导学生，不仅可以让学生有更强的自主意识，还可以培养学生的情感与世界观。教师在课堂中扮演着引导者的角色，其主要作用是对学生的激励与唤醒。

2. 营造宽松、自由的自主学习氛围

课堂不仅仅是"教"的场所，更是"学"的阵地，在课堂中需要师生与生生的双边交流，方可完成新课程的教学任务；想要提高教学效率与学生学习效果，教师要大胆质疑，让学生思维发散开来，与知识产生碰撞。课堂气氛在一定程度上直接影响了学生的学习积极性与主动性。因此，在教学过程中，教师还需要为学生营造一个平等、自主的学习环境，让学生感受到被尊重、被关爱。教师在备课时，也要侧重于学生的身心发展，在熟悉课程目标与教材内容的同时，要高效率地引导学生自主学习，避免产生"以教代学，照本宣科"的不良现象。"三个沟通"是教育教学过程中需要遵守的，即做到全员互动，人

际沟通；进行对应的教育教学整合，做到文化沟通；通过师生互动来达到心灵的沟通。教师要减少"居高临下，自以为是，卖弄学问"的情况，要通过开展情境教学，为学生营造一个多样化的课堂环境，让学生感受到课堂的丰富多彩，更深刻地了解课堂的魅力。在整体进行教育教学时，教师还需要建立"双主体"的观念，通过平等的互动与交流来提升参与度、亲和度和自由度，让学生与学生之间、老师与学生之间，可以进行平等的交流对话。教师在对学生进行引导时，要把学生当作自己的朋友，在教学时融入学生中，通过边讲边交流来完成教学工作。当然，在教学过程中，教师还需要适当地表现出对学生的赏识与肯定，通过手势表扬等让学生感受到成功感，如竖起大拇指、为学生的行为鼓掌等，提升学生自信心。对于学生来说，教师的地位是不可撼动的，教师的一句鼓励或者一个赞赏对学生来说都是肯定的体现，对于学生的学习及以后的生活起着非常重要的作用。此外，在教育教学过程中，教师还要善于聆听学生的答案，不硬性要求学生接受答案，学生独到的见解是学生思维的展现，教师应学会引导学生学习的同时培养学生的个性。

3. 指引学生质疑，培养学生自主学习的习惯

现在课堂中还存在很多老师通过预设问题进行提问的情况，通过让学生进行小组讨论来解决问题。如果老师提出问题再让学生讨论这种情况过多的话，学生会对老师产生一定的依赖性，不想发现问题或者无法产生发现问题的思维，影响学生探索精神的发展。教师在进行备课时，既要贴合教学内容，又需要以学生理解为主，让学生在感知教材内容与知识体系的同时主动发现问题，引导学生提出问题，当然，这并不影响老师提前设计好多个对应的问题。这种形式的教学需要老师发挥引导作用，在学生遇到困难的时候给予一定的点拨，通过学生质疑来培养其自主学习能力，找到一条适合自己的学习方法。

（三）名师具备的专业能力

教师的专业能力是当代教师教学质量的集中表现。作为一种不可替代的职业，新时期的教师应该以胜任21世纪所需的创新人才为目标，是多维度、多层次的，具体要求如下。

第一，教师需要有渊博的知识基础，对自己的学科有深刻的认知。教师所要了解的不仅是课本中的内容，还要有自己的知识结构体系，通过不断地学习与进修，掌握更多的教育教学技能，与时俱进，走在学科发展之前。

第二，教师在具备学科知识体系的基础上，还需要了解学科相关的知识体系，并将其融合起来。素质教育更侧重于培养学生的综合素质与创新思维，教师在进行教学的时候还需要贯穿生活中的实例及经验。教育教学在不断地创新改革，学科之间的联系也越来越紧密，知识体系在相互渗透、相互作用。因此，教师不能仅仅局限于自身学科的研究，还需要与其他学科进行沟通，完善自身教育教学方法，培养学生的探索精神与创新能力。教师知识体系的广博可以促进学生的思维发展。

第三，身为教育工作者的教师必须具备的一项能力便是语言表达能力。教学过程大多局限在课堂之中，很多实景不能直接看到，需要教师通过语言将其描述出来，因此，教师需要具有一定的语言表达能力，将知识体系与场景感受等通过语言传递给学生。对于教师来说，其语言的清晰性和准确性都非常重要，而且对事件的表达不仅需要形象生动，还需要一定的逻辑性，符合学生的思考特点。当然，语言的抑扬顿挫以及生动性也可以为老师加分。

第四，具备一定的教学研究能力。教师在教学过程中需要总结经验，将教研与实际教学相联系，对教学进程中的问题有一定的认知与见解，与实际教学情况相联系，探索发现符合自身学科的新的教育教学模式。

第五，具备一定的组织能力，这是教师教学成功的关键。教师在进行课堂教学的时候需要为学生营造一个和谐、有趣的氛围，吸引学生的注意力，让学生投入学习中，教师可以通过课程内容引导学生发散思维，积极探索，在保持课堂秩序的前提下积极培养学生的创造能力。同时，教师要开展第二课堂，让学生积极参与到课外活动中去，对于学生思维发展与创新能力发展也是非常重要的。因此，教师需要具备一定的组织能力，通过活动组织与指导增强学生的实践技能；要具备组织讲座、竞赛以及撰写报告等活动的能力，让学生积极动手，发挥自身特长，打造一个和谐开放的学习环境。

第六，实现教育方法与教育观念的现代化，坚持以人为本。教师要给予学生人格尊重，让学生有自由发展与创新的空间，鼓励学生积极探索，深入挖掘学生的创造力。

第七，教师也需要具备创新精神，与时俱进，与现代教学理念相融合，根据教学实际情况进行方式方法的改革，逐步实现创新教学；积极去创新学习，快速引导学生成为创新的实践者，提升学生实践能力，让学生学会自主解决问题；设计教学计划需要根据课程特点及实际教学内容进行，让学生积极参与到课堂活动中，积极思考，大胆创新。

（四）名师工作室开展"室本研修"的要点

当今社会，教师应拥有较高的道德修养、扎实的专业知识、丰富的文化底蕴和较强的以学定教的本体能力，因而，教师的"专业自觉"能力就显得越发重要。名教师工作室是以培养未来的学科领军人物——名师为目标的，其成员的"专业自觉"能力提升非常重要。因此，我们应抓住"室本研修"这个阵地，采取有效的方法和途径，促使成员尽快地由经验型教师向科研型教师转变，实现"专业自觉"。

2018年，中共中央、国务院印发了《中共中央　国务院关于全面深化新时代教师队伍建设改革的意见》。文件指出，到2035年，教师综合素质、专业化水平和创新能力大幅提升，培养造就数以百万计的骨干教师，数以十万计的卓越教师，数以万计的教育专家型教师。名教师工作室要有序高效地开展"室本研修"，需掌握以下要点。

一是解决教师的职业倦怠和职业退化问题。教师的职业倦怠与职业退化是非常影响教师的工作热情和质量的。这不仅仅是个人问题，也不仅仅是靠个人能力就能解决的，而是要和社会、学校、人际关系等多方面联系起来才能解决。学习是解决问题的途径。通过学习，教师可以重新审视自己的教学观、工作态度，客观全面地去看待问题，明白只有那些在工作中能够不断发现问题、提出问题，对自己的经验进行科学、批判性思考，探求新思路、新方法，创造性地开展工作的进取者，才能够真正带领广大教师改革和发展教育，成为真正的骨干教师。工作室成员需做自我追问：自己处于怎样的发展阶段？如何确定今后的发展方向？

二是设计操作性强的活动计划与步骤。名教师工作室主持人要根据实际制订好工作目标、发展规划和年度的工作计划，明确专业发展方向。工作室成员要结合自身的特点及面临的问题，依据工作室总体目标、计划制订出个体的子计划。

三是落实理论学习，提升教学理念。名教师工作室成员只有博学、勇于实践与探索，才能多才多艺，才能娴熟地掌握并运用各种教学技巧，成为学生乐学的引路人，达到理想的教育境界。工作室应以小组交流学习和个人自修相结合的方式进行理论学习。工作室成员可以通过收集先进的教育教学理论，撰写读书笔记和读书心得来提高自身的业务素养。

四是扎根常态课堂，指导教学实践。名教师工作室主持人结合教学实际情况，将崭新的教学理念引入课堂常态，是教师非常欢迎的形式，也是教师专业化成长的重要途径。工作室成员要做到人人上公开课，通过集体议课、磨课，找出存在的问题并加以改进，从而提高教学效果。

五是重视课题研究，提高科研能力。名教师工作室主持人以课题研究为抓手提高成员的科研能力，要遵循以下原则：创新性原则（做到问题新、方法新、角度新）；可行性原则（从现实的主客观条件出发，确保所选择的课题切实可行，并且能取得预期成果）；优势性原则（从国内、本省、本市、本单位及个人的长处出发，充分发挥已有的优势，扬长避短）；需要性原则（从社会发展、人民生活和科学技术等需要出发，优先选择那些关系国民生计亟待解决的重大自然科学、社会科学理论和技术研究问题）；经济性原则（对课题研究的投入产出比进行经济分析，力求做到以较低的代价获得较高的成果），确保课题为教学服务。

（五）名教师工作室的逻辑思维分析能力提升

名教师工作室最应具备提出问题、分析问题和解决问题的能力，对出现的问题进行观察、比较、分析、综合、概括、判断、推理，采用科学的逻辑方法，有条不紊地处理，即具备逻辑思维分析的能力。

名教师工作室离不开团队成员的共同努力。众所周知，名教师工作室团队的业务能力越强，越能促进工作室的发展。但是，只有业务能力是远远不够的，一个团队最应具备提出问题、分析问题和解决问题的能力，即逻辑思维分析能力。工作室提升团队的逻辑思维分析能力，可以从以下四个方面着手。

（1）不断加强学习，提高理论水平，在学习中提升团队的逻辑思维分析能力。工作室主持人建议团队成员每天抽出半个小时读一些提高逻辑思维分析能力的书籍，如《逻辑思考力》《金字塔原理》等，在理解书中理论的基础上，模仿其中的理论，更快、更有效地去应对各种难题。

（2）搭建名师展示平台，开展名师课例研讨活动，共享教育智慧。一方面，工作室主持人可以让大家定期学习关于思维逻辑训练方面的讲座或案例，积极汲取相关的经验，取其精华，弃其糟粕。另一方面，也可以不定期地举办小组探讨活动。小组探讨也是工作室的一种活动，且每次活动都会给成员以新的感悟和心得。例如，工作室每周举办"教师讲坛"，让每位成员总结归纳自己在过去一周中出现的典型课例，与团队成员之间交流探讨，博采众长，互相借鉴。教师在归纳总结、表达案例时，有条不紊地表达想法也有助于提升自我的逻辑思维分析能力。另外，工作室主持人也可以有计划地安排工作室成员外出培训、观摩、考察学习，或聘请知名专家到工作室指导。工作室主持人应多方面地积极搭建学习平台，扩展教师提升逻辑思维分析能力的成长空间。除此之外，工作室主持人也可以通过QQ工作群和微信交流群等网络平台打破时空限制，及时进行逻辑思维案例的研讨，让成员分享各自的经验成果，提升团队整体的逻辑思维分析能力。

（3）经常组织团队成员参加辩论和讨论。提高思辨能力的最便捷方式就是参加各种辩论会，畅所欲言地辩论和讨论，不要顾忌讨论环境的好坏。讨论的关键是保持坦然，一切为了搞清问题、厘清思路。任何辩论和讨论的意义都在于批评。没有批评，辩论、讨论便没有价值。在讨论中，团队成员认可对方观点并希望对方也承认自己思考角度的合理性，以便把讨论集中在逻辑有无破绽上。

（4）多方引领，多元评价，激励团队提升逻辑思维分析能力。评价教师工作中是否具备逻辑思维分析能力的手段，建立有效的评价机制。例如，工作室可以采用过程性评价与综合性评价相结合的方式，来对教师的能力进行评价分析。可以对每次活动的质量和效果以简报的形式进行详细记录，做出客观性的分析评价，另外，课题实施、教学成绩等也都是考核的重要内容。

总之，名教师工作室是提升团队整体素质水平的平台，我们应该积极整合各方资源，培养团队合作、共同奋进的协作精神，促进成员的专业成长，注重提升教师的逻辑思维分析能力，不断促进新时代教师专业化发展，建设一支高素质的名师队伍。

第五节　李启云名教师工作室建设的探索与实践

一、李启云名教师工作室简介

李启云名教师工作室创建于2008年8月，是广东省首届名教师工作室。到目前为止，李启云名教师工作室已经精心经营了12年，完成了四届省名教师工作室建设，分别是：第一届（2008—2011年），第二届（2012—2014年），第三届（2015—2017年），第四届（2018—2020年）。李启云名教师工作室每一届都出色完成了省、市下达的各项任务，取得了丰硕的教学业绩和教研、培训成果，前三届经省、市自下而上地严格考核及面试答辩，均被评为省名教师工作室优秀等级。期间，李启云名教师工作室共完成了广东省八批省级骨干教师跟岗培训任务及一批为期三年的入室学员全程跟踪培训任务，共培养省级骨干教师68人，2021年3月被评为全国先进名教师工作室。

二、李启云名教师工作室logo注释

（1）地球：指地理工作室，开展地理教学教研活动，实现师生的可持续发展。

（2）经纬网：指指导学生将地理知识编成网络体系，建构地理知识思维导图，提升学生的综合素养，也指主持人、成员、学员之间，师生之间构成互通、互融、共赢的学习共同体。

（3）红五星：指创建特色品牌名教师工作室。

（4）图案的三行字母：从上而下，课题研究、高中地理、课堂教学的汉语拼音首字母，即本工作室是高中地理教师工作室，通过开展课题研究和课堂教学，提升高中地理教师专业水平。

（5）右边图案：实现工作室、主持人、成员和学员的腾飞。

（6）左边图案：实现腾飞的教师用创造的双手托起明天的太阳。

三、李启云名教师工作室建设的指导思想

李启云名教师工作室的指导思想是：以《广东省教育厅　广东省财政厅关于中小学名教师名校（园）长工作室的管理办法》（粤教继函〔2018〕19号）和《广东省中小学名教师、名校（园）长工作室工作及研修指南》为指导，以名师为引领，以学科为纽带，以同一学科领域优秀中青年骨干教师为培养对象，以主题研讨、课堂观摩、专家引领等方式开展研究活动，旨在搭建促进中青年教师专业成长以及名教师自我提升的发展平台，努力打造一支有成就的、有影响力的、有辐射力的高层次教师团队；通过工作室成员自主学习和集中研修相结合的方式，切实提高工作室成员的个人修养和专业素质，促使他们在一定周期内成长为有一定知名度和影响力的名师，并努力建设充满教育智慧、具备教育魅力的名教师工作室团队，为茂名教师专业发展贡献智慧和力量。

四、李启云名教师工作室建设目标

李启云名教师工作室建设的目标是：以李启云名教师工作室为载体，引领工作室成员、跟岗学员、网络学员及其他高中地理教师，以工作室建设与课题研究、教改探索、教学反思、过程诊断、方法创新、成果总结、思想凝练等途径，创建特色品牌名教师工作室，培养一批师德高尚、视野广阔，具有先进教

育教学理念、较高理论水平和实践能力，能够发挥示范引领作用，并在省内外具有较高知名度和影响力的名师。

五、李启云名教师工作室建设职责

李启云名教师工作室建设的职责如下。

（1）加强师德建设。挂牌名师要在师德方面率先垂范，通过言传身教帮助成员提升学识水平和师德修养，增强职业认同感和荣誉感。

（2）承担省级骨干教师的培训和指导工作，并按当地教育部门的要求参与本地区教师培训和校本培训工作，成为骨干教师成长的摇篮。

（3）负责指导学员制订专业发展计划，通过集体备课、双向听课、说课评课、案例分析、课例开发、课题研究和巡回讲座等形式，引导学员专业提升。

（4）开展教育教学课题研究。在本周期内，完成骨干教师省级培训的委托课题研究，并完成有较高质量的研究报告、专业论文或专业著作。同时根据当地教育教学情况开展课题研究，为当地教学改革提供科研服务。

（5）发挥名师教学示范和辐射作用。通过组织学员上示范课、专题讲座、教学研讨等形式，促进当地中小学教师的专业成长。

（6）利用自身的资源优势，积极为学校和本区域教育教学改革献言献策。

六、李启云名教师工作室建设制度

（1）会议制度。每学期召开一次工作室计划会议、一次阶段性工作情况汇报会议和一次工作室总结会议。

（2）学习、培训制度。坚持理论和专业知识学习，每月写一篇学习心得体会；定期开展教学教研业务培训、组织成员外出参观学习和参加教研活动，提交培训和学习活动专题报告。

（3）工作交流制度。主持人、成员和学员之间每星期要通过网页、电子邮箱、QQ群、微信群等途径互通信息，交流教学教研开展情况，分享教育教学工作经验，共享教育教研成果。

（4）课题研究制度。主持或参加市以上课题研究活动，每年上实验课3次以上，上研讨交流课1次以上，撰写教研论文1篇以上，参与全国、省、市"一师一优课，一课一名师"活动。

（5）考勤制度。工作室成员依时参加工作室组织的各项活动，原则上不准请假，若有特殊情况，须以书面形式向工作室主持人请假，经常不参加活动的教师报省教厅和市教育局处理，省骨干教师跟岗学习期间按工作室制定的有关考勤制度进行考勤。

（6）考核制度。主持人主要从工作室建设情况、指导与培养教师情况、教学教研中所发挥的示范作用等方面进行考核；骨干教师主要从出勤情况、完成教研任务情况、指导青年教师情况等方面进行考核；工作室成员主要从出勤情况、开展教研活动情况、培养青年教师情况、协助主持人开展工作情况等方面进行考核。

（7）档案管理制度。工作室主持人、成员和学员的计划、总结、听课（评课）记录，实验课、公开课、研讨课的教案、学案、教学设计，课例、讲座、报告、论文、专著等材料，以学期为单位进行收集、归档、存档，为个人的成长和工作室的发展提供依据。

七、李启云名教师工作室品牌建设

（一）导师成长示范，树立品牌高度

广东省李启云名教师工作室主持人李启云能充分发挥个人的师德魅力、人格魅力、教学魅力和教研魅力，示范和引领入室成员及广大青年教师开展教学改革，提高课堂教学效率，做智慧型、幸福型的优秀教师。

一是以高尚的师德和人格魅力引领示范。主持人李启云名师在教师跟岗培训活动中，始终以高度的责任感、无私的奉献精神、勇往直前的信心、充满青春的激情和永不言败的斗志展现在被培训者面前，以言行激励他们、鼓舞他们，使他们学有榜样，行有偶像。

二是以优秀课例引领示范。通过主持人给工作室成员上示范课，展现李启云名师"导演学生自主学习的精彩高效课堂"的教学风格，展现特级教师、名师不一样的课堂教学魅力。

三是以精彩专题讲座引领示范。主持人李启云名师结合自身的成长经历，真诚地分享自己的教学工作、班主任工作、教研工作方面的经验，以创新的教

育理论，结合名师的事迹事例，通过动人的故事、翔实的案例、生动的语言、丰富的感情、演讲精彩的讲座，给学员以励志、解惑和努力方向，传授培训学员走向成功、成为名师的秘诀。

（二）深入教学实践，拓宽品牌宽度

广东省李启云名教师工作室在教师培训工作中落实实践第一的原则，将教学实践作为培训工作的重点，在培训形式上，更加体现了教学实践的主体地位，组织了形式多样的教学实践活动，增加了教师的实践机会，使教师在教学实践中实现了最快速、最大化的发展。这是李启云名教师工作室成为品牌工作室很重要的推进器。

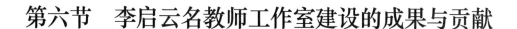

第六节　李启云名教师工作室建设的成果与贡献

一、李启云名教师工作室的特色

李启云名教师工作室以《广东省教育厅　广东省财政厅关于中小学名教师名校（园）长工作室的管理办法》和《广东省中小学名教师、名校（园）长工作室工作及研修指南》为指导，以名师为引领，以学科教学研究及课题研究为载体，以同一学科领域优秀中青年骨干教师为培养对象，通过专家讲座、主题研讨、课堂观摩、名师引领、考察交流、基地实践、野外研学等形式开展培训活动，通过目标管理与任务驱动，以制度促规范，以民主管理促和谐，以学期为单位，通过"名师引领骨干教师，骨干教师指导青年教师"的"师徒捆绑式"培养模式，采取"以一带十，以十带百"的培训模式，即一位名师带领十位骨干教师实现教师专业成长，而十位骨干教师又带领一百位青年教师实现教师专业成长，使名师、骨干教师、青年教师之间互为师徒，互帮互助，形成共融共生、共同成长的良好教育生态；通过"同课异构的磨课活动"，使青年教师积极参与其中，充分表现自己，在"模仿—实践—总结—再实践"的循环教学实践中锻炼和成长。

二、李启云名教师工作室教育教学思想及管理思想

（一）李启云名教师工作室教育教学思想的形成

李启云名教师工作室在12年的名教师工作室建设与教学教研实践中，初步形成了自主性教学思想和成功教学思想。

（1）自主性教学思想。自主性教学思想强调课堂教学突出学生学习的自主

性，注重学生学习的过程与方法的指导，引导学生自主学习、自主思考、自主探究、自主解决学习问题、自主达成学习目标，培养学生的自主意识、创新精神和实践能力。自主性教学思想在课堂教学的探索与实践，是从影响学生自主学习的因素入手，转变教学观念及教师角色，营造民主、和谐的教学氛围，实践自主性学习课堂教学理念和方法，建立自主性学习课堂教学评价机制，形成充分体现学生自主性学习的强大教学磁场，从而达到培养学生的自主意识、创新精神和实践能力的教学目的。

（2）成功教学思想。成功教学思想强调在教学中，挖掘学生的学习潜能，调动学生学习的内驱力，采取激励性评价，让学生满怀信心地学习和探究，使学生在体验成功的快乐情绪中高效学习，获取更大的成功，达到培养学生的成功意识、成功品质和成功能力的目的。

（二）李启云名教师工作室教学风格的形成

李启云名教师工作室在长期的教学教研实践中，初步形成了"导演学生自主学习的精彩高效课堂"的教学风格。这种教学风格充分彰显教师充满激情的个性和课堂教学中出色的导演角色，强调以课堂高效为中心，以学生快乐为根本，在教学过程中，教师留给学生自主学习的时间和空间，创设民主、平等、宽容、宽松的环境氛围，创造与同伴探讨、交流、激辩的机会，让学生在自主学习中掌握方法、构建思维，形成能力，实现"轻负担、高质量"的教学目标，使学生感受到学习的成功与快乐。

（三）李启云名教师工作室教学改革创新模式

李启云名教师工作室十二年如一日，始终站在教学改革的前沿阵地，不断探索，大胆实践，勇于创新，构建了一系列体现自主性教学思想和成功教学思想的教学模式，取得了显著的教学业绩及丰硕的教研成果。在创新教学整体试验中，构建了中学地理教学的探究性教学模式、案例教学模式、竞赛活动教学模式和"导演学生自主学习的精彩高效课堂"教学模式；在区域地理教学中，构建了"确定研究课题→成立研究小组→确定研究内容→开展研究性学习活动→研究成果汇报活动→课题答辩会"的教学模式；在自然地理教学中，构建了"自编网络课件→学生上网学习→自学自悟自测→教师点评"的教学模式；在人文地理教学中，构建了"展示案例→确定探究主题→开展案例主题探究→总结拓展"的教学模式；在热点地理问题教学中，构建了"提出讨论题目→组织学生开展讨论→小组代表汇报讨论结论→总结讨论结果"的教学模式；在新高考一轮复习中，构建了指导学生进行"知识网络构建→主干知识应用探究活动→重点知识应用能力与思维训练→学生质疑、教师点拨和指导→学生归纳方法、总结规律"的教学模式；在高三后期复习中，构建了"学生自命题→学生互换试题自测→学生互改试卷→学生互相诊断评析"的教学模式。

（四）李启云名教师工作室管理思想

李启云名教师工作室在长期的工作室建设中，形成了自己独特的名教师工作室建设与管理思想，其核心内容是：实行目标管理与任务驱动，以制度管理促规范，以民主管理促和谐，以文化管理促发展，以自主管理促特色，以名教师工作室为平台，通过名师引领、示范与带动，通过课题探索研究与教学实践创新尝试活动，以学期为单位，期初出计划、下任务、提要求，期中检查、研讨、交流、反思，期末出阶段性教研成果与教学成果，进行成果分享与展示，总结与表彰，以达成工作室培养的总体目标。

三、李启云名教师工作室的建设成果

主持人李启云充分发挥自身的示范、引领作用，对茂名市中青年教师的教育、教学和教研工作进行了多形式的培训，使他们更新了理念，提高了他们的理论水平及综合素养；使他们的教学水平显著提高，教研能力显著增强，取得了显著成效；使大批青年教师迅速成长，培养了217位各级骨干教师、学科带头人和教学、教研骨干。

李启云名教师工作室的68位学员及助理，通过参加团队的跟岗培养及三年周期跟踪培养，个个脱颖而出，出类拔萃，成为李启云名师的高徒和得意门生。其中，冯志锋等16位学员被评为广东省优秀骨干教师，何杰等7位学员参加省、市教学能手竞赛获得省、市一、二等奖，张萍海等2位学员被评为茂名市优秀教研组长，容伟文等5位学员因教学教研成果突出被调到当地教育局相关部门任职。2018—2020年广东省新一轮李启云名教师工作室的10位入室学员中，吴治国老师荣获茂名市教育局直属系统优秀教师称号，并被提拔为学校中层干部；梁金莲老师被提拔为重点中学地理教研组组长；郑彩燕老师荣获南粤优秀教师、茂名市师德标兵等光荣称号，被评为茂名市教育系统高中地理学科带头人，并成为茂南区教育局教研室兼职教研员；车家创老师被提拔为茂名市田家炳中学团委书记，并被评为茂名市优秀团干部；李冬梅老师荣获2020年电白区优秀班主任称号，成长为电白区第一中学优秀教研组组长；粟旭老师成为茂名市基础教育家长学校教育研究中心局直属学校高中三年教育研究组组员，是学校年级备课组组长；王任远老师被评为学校优秀年级部主任，并荣获茂名市高中教育教学工作先进个人、电白区教育教学工作先进个人、电白区学生资助优秀工作者等称号；柯燕老师被评为茂名市教坛新秀和茂名市青年名师培养对象；张趣老师被评为茂名市高中教育教学工作先进个人，调到东莞市北辰高级中学，并担任该校教研组组长。

李启云名教师工作室学员教学业绩突出、教研成果丰硕。12年来，他们共主持了37项教研课题的实践研究，参与了65项教研课题的实验研究，获奖或发表论文127篇，获奖的教学设计、优秀课例、公开课、课件评比等达到143项，获荣誉称号116项，送课下乡每人每年平均3.5次。其中，梁金莲、柯燕、粟旭、张趣等教师参与了国家级子课题的实证研究，并荣获全国教研成果一等奖。另外，还有32人参与了省级课题实践研究，43人参与了市级课题实践研究，24人参与了区级课题实践研究。

在教研成果方面，17项教研成果荣获国家级奖励，56项教研成果荣获省级奖励，128项教研成果荣获市级奖励，43项教研成果荣获区级奖励，120项教研成果荣获校级奖励。

仅2018—2020年广东省新一轮李启云名教师工作室的10位入室学员获得的荣誉称号就有，梁金莲、车家创、柯燕、唐方方、张趣、粟旭6人获得国家级荣誉称号，5人次获省级荣誉称号，2人次获市级荣誉称号，15人次获区级荣誉称号。

李启云名教师工作室主持人李启云老师是广东省首批、第二批、第三批及新一轮第一批、第二批名教师工作室主持人，茂名市第一中学副校长，省特级教师，省基础教育系统名师，茂名市有突出贡献的优秀专家和拔尖人才，茂名市地理学科带头人。他先后主持了3项国家级及省级教研课题的实践研究，其中近3年主持了一个国家级及一个省级的实验研究，创建了一系列创新课堂教学模式，创立了自主性教学思想和成功教学思想，形成了"激发兴趣—学法指导—自学解疑—小组探讨—教师评析"的教学特色和"导演学生自主学习的精彩高效课堂"的教学风格，并取得了丰硕的成果。

主持人李启云老师共有11篇论文获全国特等奖和一等奖，有6篇论文获省特等奖、一等奖和创新成果奖，在国家级刊物发表论文23篇。其中，近3年有5篇教研论文荣获国家级一等奖，有2篇教研论文荣获省级一等奖，有4篇教研论文在国家级刊物发表，有4篇教研论文在省级刊物发表。李启云老师共培养了何杰等68位广东省中学地理骨干教师，其中近3年培养了吴洪强等21位广东省中学地理骨干教师，培养了胡丽娟等19位茂名市青年名师培养对象，培养了柯燕等3位茂名市教坛新秀；培养了李军等4位广东省高考总分状元、叶圣辉等21位北大及清华特尖生、董辉龙等5位茂名市高考地理单科状元；培养了"全国地球博士"2人、地理竞赛全国一等奖7人、广东省地理奥林匹克竞赛一等奖19人、广东省青少年科技创新大赛奖6人。

主持人李启云老师先后被评为全国师德先进个人，全国优秀科技辅导员，广东省特级教师，广东省名教师，广东省南粤优秀中学地理教师，广东省南粤教坛新秀（特等奖），广东省中华文化基金奖章和奖金获得者，广东省中学地理奥林匹克竞赛优秀指导教师，茂名市劳动模范，茂名市有突出贡献的优秀专家和拔尖人才，茂名市第四、五、六、七、八批市管优秀专家和拔尖人才，茂名市中学地理学科带头人，茂名市青少年科技创新大赛优秀辅导教师。

四、李启云名教师工作室建设的主要业绩与贡献

李启云名教师工作室创建了中学地理多媒体电化教学模式、中学地理生本教学模式、新高考高三地理一轮复习课、试题讲评课高效课堂教学模式等一系列科学、高效的课堂教学模式，创立了自主性教学思想和成功教学思想，形成了"激发兴趣—学法指导—自学解疑—小组探讨—教师评析"的教学特色和"导演学生自主学习的精彩高效课堂"的教学风格。

李启云名师的主要论述有：地理尖子生高中三年一盘棋培养策略，高中地理课堂教学中培养学生地理核心素养的主要途径，新高考背景下高中地理课堂教学策略，新课程理念下中学地理课堂教学模式，区域地理教学中开展研究性

学习培养学生地理实践能力的实践，名教师工作室引领教师专业化发展有效性的探索，中学名教师工作室特色、品牌建设的探索，名教师工作室开展教师培训活动形式及其功效的探索，运用教育信息技术提高高中地理课堂教学效率的研究，等等。

名教师工作室2018—2020年建设周期，李启云主持了广东省教育科学研究课题"名教师工作室建设与教师专业化发展的实践研究"、全国教师科研基金"十二五"规划重点课题"运用信息技术提高教学效率和学习效率的创新行动研究"之子课题"运用信息技术提高地理教学效率和学习效率的创新行动研究"等课题的实践研究；本建设周期在省级以上刊物发表的论文就有8篇，论文题目分别是《高中地理课堂教学中培养学生地理核心素养的教学实践研究》《运用教育信息技术提高高中地理课堂教学效率的教学实践研究》《新高考背景下高中地理课堂教学策略的探索与实践》《地理尖子生高中三年一盘棋培养策略的探索与实践》《中学名教师工作室特色、品牌建设的探索与实践》《名教师工作室开展教师培训活动的形式及其功效的探索与实践》《名教师工作室引领教师专业化发展有效性的探索与实践》《区域地理教学中开展研究性学习培养学生地理核心素养的实践与思考》。

培养了大批各级骨干教师、学科带头人、教学教研骨干及教坛新秀，其中培养了李少锋、梁金莲、符书清、彭土连等68名广东省地理骨干教师，培养了张萍海、张祖南等教师成为茂名市优秀教研组组长，培养了吴治国、郑彩燕、柯燕等教师成为茂名市青年名师培养对象，培养了柯燕等教师成为茂名市教坛新秀，冯志峰等教师成为所在校的教研室副主任，徐东成为南粤优秀教师，何杰老师迅速成长为省、市教学、教研新星，教学业绩和教研成果显著，符书清、周永等教师成为学校教学、教研工作的"领头羊"。

五、李启云名教师工作室开展教师培训活动情况

（一）2018—2020年建设周期工作室开展活动情况

（1）开展省级乡村骨干教师跟岗培训活动情况。根据广东省教育厅和华南师范大学教师继续培训学院的安排，李启云名教师工作室在本周期内举办了两期省级乡村骨干教师跟岗培训活动，其中2018年11月18日至11月27日举行了为

期10天的培训活动，来自汕头的许志丹，揭阳的黄桂锋、林桂君及广东第二师范学院龙湖附属中学的关向阳4位省级骨干教师参加了培训；2019年11月3日至11月12日举行了为期10天的培训活动，来自阳江的吴洪强、张瑜、关开炳、陈基德、吴伟平、江平生、严胜君、李建明8位省级乡村骨干教师参加了培训。

（2）组织广东省李启云名教师工作室入室学员开展系列培训活动情况。①组织工作室助理、学员参加由岭南师范学院组织的培训有三次，共19天。其中2018年6月23日至28日在珠海举行为期6天的培训，2018年11月11日至17日在湛江举行为期7天的培训，以及2019年6月23日至28日在上海举行为期6天的培训。②组织工作室助理、学员到外省参加的培训有两次，共13天。其中2019年10月21日至26日在北京参加为期6天的培训，2020年7月28日至8月3日在内蒙古参加为期7天的培训。③组织工作室助理、学员到省内参加的培训有四次，共24天。其中2018年11月18日至27日在茂名参加为期10天的培训，2019年11月3日至12日在茂名参加为期10天的培训，2020年8月24日至25日在茂名参加为期两天的培训，2020年11月20日至21日在阳春参加为期两天的培训。④组织工作室助理、学员到省内外送教送研下乡或送教送研支教活动有三次，共5天。其中2018年12月17日到电白四中送教送研下乡，2019年11月28日至12月1日到广西来宾金秀县民族高中送教送研支教活动，2020年10月28日至31日到广西来宾金秀县民族高中送教送研支教活动。⑤疫情防控期间，组织工作室助理、学员参加网络线上培训活动，共10天。

（3）通过讲座等形式为茂名市置换农村初中教师、茂名市青年名师培养对象培训班学员、茂名市省级骨干教师培训班学员、广东石油化工学院实习师范生等培训，共九次。

（4）每期省级骨干教师跟岗培训活动期间，带领工作室成员及跟岗骨干教师到茂名市、县（区）中学开展教学、教研活动，共四次。

（5）定期开展省级跟岗骨干教师回访活动，共九次。

（二）在当地教育教学改革中发挥示范、引领作用

第一，以省骨干教师跟岗培训活动为契机，李启云名教师工作室邀请茂名市中学地理教师参与培训活动，组织茂名市第一中学青年教师参与，尤其是专家与名师的讲座、示范课、听课评课、教学教研研讨交流活动，发挥了培训活动的作用，让更多的教师受益。

第二，把部分跟岗培训活动环节转移到茂名市第十七中学、茂名市电白高级中学、电白区第一中学、高州市第一中学、高州市第二中学、高州市第四中学、化州市第一中学、茂名市第十中学等学校，李启云名教师工作室通过主持人讲座、听课评课、研讨交流等活动，把主持人与成员的先进理念、教学艺术、教研策略、成功秘诀等带给兄弟学校的同行。

第三，通过讲座与传帮带作用，李启云名教师工作室帮助茂名市市级名教师工作室开展工作室建设及组织教师培训活动，并取得了显著成绩。

第四，根据茂名市第一中学远距离搬迁大规模扩招，每年招收几十名大学毕业生教师的实际，李启云名教师工作室主动承担了学校新进教师的岗前培训及教学技巧、教研方法的培训工作，通过讲座、论坛、听课交流、研讨交流等形式，对教师的教育、教学和教研工作进行了全方位培训，取得了显著成效。

第五，通过举办讲座等形式，李启云名教师工作室积极组织参与了由华南师范大学地理学院、广东石油化工学院成人教育学院、广东石油化工学院高州师范学院和茂名市教育局组织的各种教师继续教育培训活动，深受参与培训教师的好评。

第六，李启云名教师工作室发挥名师效应，在茂名市五校联盟教学教研活动中，对高一新课程、新教材课堂教学改革及高考选科走班、强基计划工程、广东卷命题思想等，提出自己的见解、主张、探索思路与实践策略，为茂名教师专业发展、课程建设、学科特色品牌建设以及茂名教育质量提升贡献自己的智慧与力量，得到茂名教育行政部门及兄弟学校领导、教师的充分肯定。

第四章

现代教师教育观念解读与实践应用

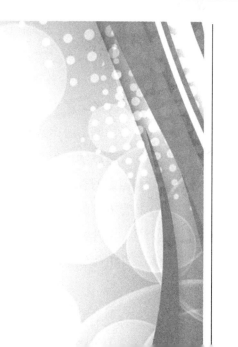

第一节　教师的职业观与实践

一、教师的职业观概述

职业观与人们的世界观、人生观和价值观紧密相连，是人们的"三观"在职业本质、职业意义、职业理想、职业态度、职业责任、职业纪律、职业作风、职业发展、职业收益和职业荣誉等方面的直接反映。职业观包括人们的职业价值观、职业道德观、职业发展观和职业代价观等基本内容，对个人的职业行为起着重要的支配作用。

按照对于职业观的理解，我们认为，教师职业观是指教师对教育和教学工作的认识、态度和观点，即对教师职业的理解、认识和情感投入，是教师选择自己职业的指导思想。结合《中学教师专业标准（试行）》对教师"职业理解与认识"提出的基本要求，教师职业观主要包括依法执教、爱岗敬业、专业发展、为人师表和团结协作等方面，这也是教师职业观在新时代的具体体现。

（一）依法执教

依法执教是指教师在教育教学活动中，按照教育法律的规定，依法行使权力，自觉履行义务，逐步使教育教学工作走上法治化和规范化的道路。它是当代教师应具备的基本法律素质和要求。一般来讲，依法执教包括两层含义：第一，教师的教育教学行为要在法律法规允许的范围内进行。这里所说的法律法规包括党和国家的教育方针、教育政策和教育法律法规。例如，党的十九大报告中对于教育方针的完整表述是"落实立德树人根本任务，发展素质教育，推进教育公平，培养德智体美全面发展的社会主义建设者和接班人"；教育政策包括教育部2001年颁布的《基础教育课程改革纲要（试行）》和2010年颁布的《国家中长期教育改革和发展规划纲要（2010—2020年）》等；教育法律法规由教育法律、教育行政法规、地方性教育法规、教育部门规章、地方性教育规章等构成。第二，教师要善于利用法律手段来维护自身的合法权益。例如，《中华人民共和国教师法》第七条规定了教师享有教育教学权、学术研究权、指导评价权、报酬待遇权、民主管理权和进修培训权六项权利，《中华人民共和国教育法》第三十三条和第三十四条与《中华人民共和国义务教育法》第四章第二十八条至第三十三条也有相应的规定。教师应该熟悉这些法律知识，并善于依此维护自身的合法权益。

1. 依法执教的特点

依法执教是教师教育教学法治化的体现，主要有以下几个特点。

（1）执教主体的特定性。依法执教的主体是特定的，只能是在学校或其他教育机构中任教的教师和其他从事教育管理工作的人员。

（2）执教依据的专门性。执教作为整个教育活动中的一个环节，实施执教活动的教师必须依照教育法律进行并受教育法律的约束和规范。

（3）执教对象的特殊性。教师服务的对象是学生。学生是正在学校接受教育的人，他们是教学的主体，他们有血有肉、有独特的个性、有丰富的感情。

（4）权利和义务的双重性。教师对学生的教育和管理行为，既不能任意行使，也不能随意放弃，而是集权利和义务于一身，表现为权利和义务的双重性。

2. 依法执教应坚持的法律标准

依法执教需要具备一些重要条件，如完备良好的教育法律制度、健全的教育行政执法体制、学校法治化管理和教师自身法治素质等，除此之外，还应该坚持一些法律标准。

（1）教师主体资格合法。教师主体资格是指教师从事教育教学工作和活动时依照法律或专业规范应当具备的相应的资质。不具备相应主体资格的人，法律上称主体不适格或主体不合格，其所为的行为在法律上可以不被认可。从事教育工作的人应当获取教师资格证书，否则，其行为会因触犯教育法中的禁止性规定而受到法律追究。

（2）教育教学活动符合法定目标。法定目标是指法律规定教育所培养的人才应达到的标准，即培养人的方向和规格的问题，它是教育目的的具体化。例如，课程标准已经从认知领域、情感领域和动作技能领域等方面对教育教学目标进行了具体规定，教育工作者应该依此目标培养学生，而不能偏离该方向。

（3）教育教学内容和形式符合法律要求。中学每门课程的教学内容，课程标准都有明确的规定，而且在实施建议中提出了一些行之有效的教学方式、方法。所以，教师在进行教学时，其教学内容和形式都要符合法律要求与规定，不得偏离教学内容和形式做一些非法的事情，如有些教师的有偿办班、补课辅导等。

（4）依法行使教育教学权和指导评价权。教师的教育教学权是指教师依法享有"进行教育教学活动，开展教育教学改革和实验"的权利，任何人不得剥夺。为保障教师的教育教学权，各级人民政府、教育行政部门、学校和其他教育机构应当履行必要的职责，提供基本的条件，不得非法剥夺在聘教师从事教育教学的权利。同时，教师也要依法行使自己的教育教学权，积极而不是懈怠地做好自己的本职工作。教师的指导评价权是指教师有指导学生的学习与发展，评定学生的品行与学业成绩的权利，这种权利也要依法用好，不得进行任性评价。

（5）维持教育教学秩序。教育教学秩序是教育教学工作中各种重要关系的安排、教学单位有条不紊活动的状态。良好的教育教学秩序包括：学校以教学为主，不受社会或学校非教学活动的干扰；教学计划、课程标准能够得到贯彻实施；教育教学方面有健全的规章制度，并且能够严格执行；教学管理系统健全，工作效率高；师生关系正常等。这种秩序不是自然而然形成的，而是需要每位教师脚踏实地地建立和维持的。如果没有每位教师的热情和巨大投入，则很难有和谐有序的教学秩序。

（6）确保未成年学生安全权和受尊重权。学生安全权是指学生享有人身、财产、精神不受侵犯、威胁、胁迫、欺诈、勒索的权利，它包括生命安全权、健康安全权和财产安全权等。目前，学校安全问题比较突出，对于学生的健康和生命构成了较大威胁，需要引起教师的高度关注。学生受尊重权是指学生在接受教育时，享有其人格尊严、民族风俗习惯得到尊重的权利。其中，人格尊严权主要包括名誉权、肖像权、姓名权、隐私权、荣誉权等。教师不得对学生有辱骂、诽谤、名誉诋毁、非法搜查等行为。

（二）爱岗敬业

爱岗敬业由两部分内容组成：一是爱岗，即教师对自己的工作岗位和本职工作比较热爱；二是敬业，即教师对待自己的工作认真负责，追求精益求精。这两部分内容是相辅相成、共同促进的，敬业的前提和基础是爱岗，而在爱岗的基础上升华和发展则表现为敬业。爱岗敬业是属于道德规范的范畴，对教师的职业行为有着良好的指引和支配作用，这也是国家教育事业发展的基石和支撑。

结合《中学教师专业标准（试行）》，我们可以把爱岗敬业的内涵概括为以下三个方面。

1. 热爱中学教育事业

中学教育是普通教育的一种，是一般科学文化知识和公民基本素养教育中不可或缺的一个环节，有利于学生科学文化基础和道德基础的形成。它也是连接小学教育和大学教育的一个重要阶段，在公民教育中发挥着不可取代的作用。国内的中学教育是社会主义教育，是服务于中国特色社会主义的，并有利于中国公民素质的整体提升，它具有基础性、全面性和多样性等特点。教师热爱中学教育事业，需要具有正确的理想信念、宽厚的仁爱之心和春蚕蜡烛式的奉献精神。

（1）具有正确的理想信念。教师对中学教育事业的热爱源于正确的理想信念。这也是指引未来的重要方向。什么样的教师就会带出什么样的学生。教师只有具备了正确的理想信念，才能言传身教地带给学生正确的信念。教师要紧紧围绕在党和人民的周围，热爱和忠诚教育事业，并身体力行，为社会主义核心价值观的践行而努力，引导学生追求真善美。

（2）具有宽厚的仁爱之心。教师对中学教育事业的热爱之情来自宽厚的仁爱之心。教师只有对教育事业极度热爱，对学生倾注了自己的情感，才能逐步形成宽厚的仁爱之心，并用欣赏、信任的态度来树立学生的自信心和自尊心，为每个学生的健康成长付出努力，并使每个学生都能感受到成功所带来的欢悦之感。

（3）具有春蚕蜡烛式的奉献精神。春蚕蜡烛式的奉献精神是教师热爱中学教育事业的体现。教育是一项事业，事业需要奉献。所谓奉献，就是不计较个

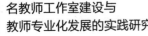
人的得失，胸怀坦荡，忘我工作，无畏路途风浪大，总是朝着一个目标前进。

2. 认同中学教师职业

认同中学教师的专业性和独特性，注重自身专业发展，既是对教师专业发展的要求，也是教师爱岗敬业的重要体现。

（1）中学教师职业具有复杂性。

从职业对象的角度来说，中学教师面对的是有血有肉、有生命的人，是正处于成长关键时期的青少年。该阶段的学生具有强烈的自主意识和主观性，且具有自己的个性特征等。由此可见，中学教师所面对的对象是极其复杂的。青少年的生理和心理都在面临着不断地发展和变化，不仅有体力的发展，更有脑力的成长，同时这一阶段的学生还处在知识获取和品德形成的重要时期，所以，他们每天都有着不同的变化。教师要针对每一名学生做好教育工作是非常有难度的，需要对学生的成长规律进行深入的研究，对教育规律予以把握，并能够掌握一定的教育方法，根据学生的不同个性和特征予以教育。

从工作过程的角度来说，学生的发展和成长是中学教师的主要工作职责，这一职责是教师在长期的、复杂的环境中予以实施的。教育活动具有长期性，学生从入校学习到参加工作，中间的十几年时间都是在学校度过的，由此可见，教师的工作周期是非常漫长的。此外，教师还需要通过言传身教来将自己的知识体系传授给学生，促进学生形成正确的世界观、人生观和价值观。在这个过程中，教师也要排除万难，避免不良因素的干扰等，其过程也是极其复杂且困难的，加上社会的进步、知识的更新，也使得教育过程的复杂性在不断提升。

（2）中学教师职业具有专业性。

教师专业性是指教师作为专业人员，在专业思想、专业知识、专业能力等方面不断完善的过程，它包括教师个体专业性和教师群体专业性两个方面。教师个体专业性的内容包括专业知识、专业技能、专业伦理和专业情意等方面的专业性。

① 专业知识。作为教师，其知识结构主要由背景性知识、本体性知识、条件性知识和实践性知识构成。背景性知识，即普通文化知识，也就是丰富的人文知识、深厚的文化底蕴和现代科学文化知识；本体性知识，即学科知识，

也就是教师所具有的特定的专门学科知识，如语文知识、数学知识、历史知识等；条件性知识，即教育学科知识，也就是"怎么教"的知识，如一般教育学知识、学科教育学知识等；实践性知识，指的是教师在日常教学实践过程中，经过不断的体验、感悟和反思而形成的知识，这种知识具有个体性。

② 专业技能。专业技能是指教师在实际的教育教学活动中展现教师的专业能力，既包括观察力、注意力、记忆力、思维力和想象力等一般能力，也包括了解学生、智慧情感、自我监控、言语组合、课堂驾驭、新知汲取、运用现代教育技术和教育科研等方面的特殊能力。

③ 专业伦理。专业伦理是指教师职业群体为更好地履行职业责任、满足社会需要和维护职业声誉而制定的自我约束的行为规范，即一套社会认可的伦理标准。

④ 专业情意。专业情意是指教师个体对自我从事教育教学工作的感受、接纳和肯定的心理，包括专业理想、专业情操、专业性向和专业自我四个方面。教师的专业理想，也就是我们所说的师德，其核心是对学生的爱，还包括高尚的职业道德观念和职业道德精神；专业情操是教师对教育教学工作带有理智性的价值评价的情感体验，包括光荣感、使命感、责任感和义务感等；专业性向是教师成功从事教学工作所具备的人格特征，包括有见识、奉献精神、敏锐的洞察力和辨别力、预见性、独立性以及耿直、坦率、幽默等性格；专业自我是教师个体对自我从事教学工作的感受、接纳和肯定的心理倾向，包括自我认同感、自我满足感、自我信赖感和自我价值感等。

（3）中学教师职业具有创造性。

创造性是指个体产生新奇独特的、有社会价值的产品的能力或特性，也称创造力。新奇独特意味着能别出心裁地做出前人未曾做过的事，有社会价值意味着创造的成果或产品具有实用价值或学术价值、道德价值、审美价值等。创造性以创造思维尤其是以发散思维为核心。教师劳动的创造性主要表现在以下四个方面。

一是因材施教。教师的教育对象是千差万别的，教师必须灵活地针对每个学生的特点，提出不同的要求，采用不同的教育教学方法，做到"一把钥匙开一把锁"，使每个学生都能够得到发展。

二是不断更新教学方法。为了提高教学效果，教师要尝试新的教学方法，改进旧的教学方法。即使是同样的教学内容，也要结合实际情况的变化以及教师自身认识的提高，在教学方法上不断调整、改进和创新。

三是重新加工教学内容。教师上课一定要把"教材语言"变成"教师语言"，之后再变成"课堂语言"，这就要求教师对教学内容进行加工和改造，确定教学重点和难点，调整内容顺序，增减、补删教材内容，做到为我所用。

四是教师的教育机智。教育机智是教师根据学生新的情况，迅速而正确地做出判断，随机应变地采取及时、恰当而有效的教育措施解决问题的能力，即因势利导、随机应变、掌握分寸、对症下药。

3. 提高教师职业道德修养

教师职业道德是教师在从事教育劳动中所遵循的行为准则和必备的道德品质，又称"师德"。教师职业道德是社会职业道德的有机组成部分，是教师在教学、言语、交际、个人生活等方面的道德要求。它属于自律范围，没有强制性，但从道义上规定了教师在教育劳动过程中以什么样的思想、感情、态度和作风去待人接物、处理问题和做好工作。一般来讲，爱岗敬业、诚实守信、教书育人、为人师表、严谨治学和诲人不倦等，都属于教师职业道德的具体要求。

教师的职业道德与社会公德、家庭美德相比，具有自身显著的特征。

首先，从教师的社会责任来看，教师职业道德具有全局性。教育是培养人的活动，而人是社会关系的总和，具有复杂的社会角色和丰富的社会属性。所以，中学教师应该从国家、民族、社会发展、人才成长等方面，全面思考自己的社会责任和行为规范，做一个高尚的人，一个纯粹的人，一个脱离低级趣味的人。

其次，从教师的社会地位来看，教师职业道德具有超越性。中国古代不仅有"天、地、君、师、亲"的伦理秩序，而且有"一日为师，终身为父"的古训。教师只有具备高尚的人伦、完美的职业道德，才能胜任"太阳底下最光辉的职业"，成为"人类灵魂的工程师"。

再次，从教师的个人素质来看，教师职业道德具有导向性。教师是人才成长的领路人，是传道、授业、答疑、解惑的导师。教师的一言一行、所作所为，无不引导着年轻人的价值取向、道德选择，因而具有不可替代的导向作用。

最后，从教师的人格评价来看，教师职业道德具有示范性。教师要为人师表，引导学生成才，成为学生学习的楷模，就要用自己的人格魅力去影响学生，言行一致，言必信，行必果。

（三）团结协作

团结协作是指教师为了集中力量实现教书育人的任务而联合起来，相互支持，紧密合作。教师生活和工作在学校这个集体中，教师个人与集体的关系，犹如一个人的细胞与机体的关系，每个细胞只有在机体中才能得以生存与发展。因为集体是个人生存与发展的条件，个人只有在集体中，其智慧和才华才能得以增强与发展。

现代学校教育是一项系统工程，每位教师的个体性劳动是整个教育劳动的一部分，是在人们的相互联系中进行的。要培养好一大批人才，既需要学校教育、家庭教育和社会教育的配合，也需要学校内部各部门的通力合作，更需要教师的同侪互助，才能使学校的各项工作有条不紊地进行。

1. 需要切实可行的目标

学校是一个团体，这个团体是由一群有文化、有能力、敢担当的人组成的共同体，其成员需要有共同奉献的精神，而这种精神需要每个成员都能够明确为之信服的共同目标。只有切实可行而又具有挑战意义的目标，才能激发教师的工作动力和奉献精神，为工作注入无穷无尽的能量。所以，目标可以调动教师的所有资源和才智，并且会自动地驱除所有不和谐和不公正的现象，同时会给予那些真诚、大公无私的奉献者以适当的回报。如果团结协作是出于自觉自愿时，它必将会产生一股强大而且持久的力量，其成果往往能超过教师个人业绩的总和。

教育目标是学校所培养的人才应达到的标准，即培养人的方向和规格，它是教育目的的直接反映。这个目标可高可低、按需而定，并且具体可观测，如认知领域、情感领域和动作技能领域等细分目标等。教育目标对于形成教师的团结协作精神具有巨大的作用。

（1）教育目标引导教师的正确方向。教育目标就像"北极星"，具有导向作用，能够为学校管理者指明协调集体行动的方向，从而有助于引导教师形成统一的行动。具体来说，它能使教育教学活动不陷入盲目的状态，有助于该活动自觉地进行；能够使教育教学活动集中于有意义的方向，避开无意义或者不符合预定方向的工作，有助于有意义结果的达成；能够提高教育教学活动的效率，做到事半功倍。

（2）教育目标凝聚教师的巨大力量。凝聚力是使组织成为一个多成员的联合体，而不是一盘散沙的重要因素。当教育目标充分体现学校教师的共同利益，并与教师的个人目标保持和谐一致时，它就能够使教职员工心往一处想、劲往一处使，具有极大的向心力，使大家相向而行，殊途同归；反之，则可能削弱组织的凝聚力。所以，制定科学、正确和人性化的教育目标是凝聚教师人心与事业的关键。

（3）教育目标激励教师的工作热情。目标是激励教师的力量源泉，只有在教师明确了行动目标后，才能调动其潜在能力，使其尽力而为，创造最佳成绩。教师也只有在达到了目标后，看到学生的发展变化和不断进步，才会产生成就感和满足感。研究结果显示，明确的工作目标可使人的工作绩效提高11%～17%。因此，教育目标能够激发教职员工的工作热情、献身精神和创造性。

（4）教育目标调控教师的工作进程。教育目标能够对教育教学过程起到调节和控制的作用。教育目标是具体的，能够对预期结果的标准和要求做出描述，利用教育目标可以检测学生的学习效果，及时发现问题，诊断问题的成因，并对教育过程进行有针对性的调控，从而保证教育活动顺利地开展，取得实际成效。

2. 需要严明的组织纪律

纪律就是规则，是要求人们遵守组织确定了的秩序、执行命令和履行自己职责的一种行为规范，是用来约束人们行为的规章、制度的总称。

学校的基本纪律规范是为了维持学校正常的教学工作和生活秩序，使学校的教育管理工作规范化、秩序化，同时也为了给广大师生创造一个良好的发展环境。教师的主要任务是教书育人，在校期间，教师必须按时参加教学计划规定和学校统一安排组织的一切教学活动；注意课堂礼仪，遵守课堂纪律，不迟到、不早退；关爱学生，不断学习，认真参加每一项活动。校园是师生学习、生活及活动的重要场所。为维护校园的正常秩序，创造整洁、优美、安静、安全的学习、生活环境，学校制定了相应的规章制度，教师必须严格遵守校内的公共秩序，讲究文明礼貌，注意公共卫生，不做违法违纪的事，树立良好的师德风尚。

以上这些行为准则，涉及教育、教学及生活的各个方面，对教师的行为起着导向及警醒作用。但是，这种作用只有通过教师的行为自律才能得以发挥。因此，教师应该认真学习落实这些道德规范，把它内化为自己的道德需求，转化为自己的自觉行动，从而达到一种更高的境界。

3. 需要高超的智慧艺术

团结是一种境界，反映出一个人的思想品德；团结是一种表现，反映出一个团体的整体功能；团结是一种能力，反映出一个管理者把意见相同和不同的人凝聚在一起谋事创业的协调水平。在日常生活中不难发现，有些教师思想品德比较好，但由于性格迥异而产生不和谐；有些教师刚开始大家比较心齐气顺，但由于不注意处理小的分歧而导致产生较大的矛盾；有些教师虽一团和气，可是无法形成强有力的战斗集体。因此，团结协作是一种能力、一种智慧、一种艺术，是中学教师必须具备的素质本领，也是人与人之间良好的道德行为。教师要从教育事业的高度出发，强化团队意识，发扬团结协作精神，增强沟通交流能力，做到互相信任、相互支持和相互协作，形成推进工作的强大动力。

二、教师职业观的形成

（一）教师职业观的形成概述

教师职业观的形成是教师在职业认同的条件下逐步获得的，而职业认同是教师从内心深处认为自己从事的职业有价值、有意义，并能从中找到乐趣。职业认同是教师在长期从事教育活动的过程中，对该活动的性质、内容、社会价值和个人意义，甚至对职业用语、工作方法、职业习惯与职业环境等都极为熟悉和认可的情况下形成的。教师职业观的形成可以从纵向和横向两个方面来认识。

从纵向上看，教师职业是最古老的职业之一，它的存在几乎与人类文明同时，可谓源远流长。然而，在人类社会的早期，教师职业只是一种非专门化、经验化的职业。从非专门化、经验化到专门化的职业经历了一个漫长的发展过程。在这个漫长的分化、发展过程中，教师职业的专门性才日益显现出来，并逐渐得到承认。到了当代，教师专门化已经成为世界教师职业发展的共同目标。

从横向上看，教师个体的职业认同既是一种过程，也是一种状态。"过程"是指教师从自己的经历中逐渐发展、确认自己教师角色的过程，"状态"是指教师当前对自己从事的教师职业的认同程度。从这个意义上讲，教师作为职业人，其职业观是在生活和工作时受到自身内外和学校内外多种因素与条件的深刻影响下而形成的。

（二）教师职业观形成的影响因素

教师职业观的形成是一个复杂的系统工程，是内外因共同作用的结果。有人认为，影响教师职业价值观形成的因素分别是利他奉献、组织环境、物质报酬、声望地位、人际关系、职业发展、安全稳定及其他特征；也有人认为，影响教师专业成长的因素依次是工作环境、名师引导、勤奋努力、专业基础、激励机制、博览群书、好的机遇等。教师职业价值观和教师专业成长虽然与教师职业观不尽相同，但它们的成因有共同的特点。笔者认为，影响教师职业观形成的主要因素是他们的个人发展与价值、工作环境、名师引导、利他奉献等。

1. 个人发展与价值

每个人都有自我发展的需求。自我发展需求是指个体向上发展和充分运用自身才能、品质、能力倾向的需求，属于马斯洛需要层次中的最高层，是一种成长性需求。教师自我发展需求包括有发展空间、发展前途、职称晋升机会，有学历提高机会、培训机会、交流机会，能够增长知识、发挥创造性，有成就感等方面。这些需求是教师实现个人理想和抱负、个人能力发挥到最大限度的体现，是教师解决问题能力、提高自觉性和善于独立处事的表征。

每个人都有实现自身价值的需求。人的价值包括人的自我价值和人的社会价值两个方面。人的自我价值是指人的实践活动对自身需要的满足，即对自身存在和发展的意义，以及社会和他人对个人的肯定与满足；人的社会价值是指个体行为对于他人和社会的意义，即个人对社会需要的满足，以及个人对社会的贡献。一个人满足社会的程度越高，他的社会价值就越大，反之则越小。

如果一个人损害了社会利益，那么他给社会提供的是负价值。人的自我价值和社会价值紧密相连，密不可分，共同绘就了人生成长旅途上的美丽画卷。教师自我价值需要包括学生成绩得到提高、家长理解、社会认可、能够发挥教师专长、自身价值实现等。这些需要是教师从教生涯中经常展示的丰富成果，也是教师获得心理满足和精神幸福的力量源泉。

个人发展与价值既是教师职业观形成的重要影响因素，也是教师职业观的内容维度。有研究表明，个人发展与价值受个体特征的影响很大，如性别、教龄和职称等因素对于教师自身发展与价值的影响就比较明显，女教师在"个人职业发展"一项的平均得分高于男教师，21年以上和5年以下教龄的教师平均得分高于6～20年的教师，中学一级教师的平均得分则低于高级教师，而学历因素对于教师个人职业发展的影响不是很大。

在教师成长发展周期中，他们的个人环境因素如家庭支持、关键事件、生活危机、个人特质、兴趣与爱好等都会在某个时期对其职业观产生影响。首先，父母的支持是教师职业发展一个非常重要的因素，儿童时代得到父母的鼓励和支持，对其长大后的教师职业生涯发展具有促进作用。其次，个人或家庭中的危机对于教师职业有明显影响。这些危机一般又称负性生活事件，如亲人生病或亡故、个人患病、婚姻变化、同事关系紧张等，均有可能使教师退出教学领域。再次，人格特征影响到个体的生涯方向，个体的人格与工作环境之间的适配和对应，是职业满意度、职业稳定性与职业成就的基础。最后，个体的兴趣与爱好可以为其职业发展提供机会，即如果教师职业能够满足其兴趣与需求，能够为其提供获得成就感的机会，就会对教学活动起促进作用。因此，以个人发展与个人价值为核心，包括教师的健康状况、年龄和生长发育水平、智力水平、情商高低、刻苦努力、反思习惯、品德等在内的个体因素对于教师职业观的形成至关重要。

2. 工作环境

工作人员周围的环境、接触的人以及物体、氛围等共同组成了其工作环境。通过调查研究得知，在教师职业观的形成中，工作环境起着非常核心的作用，比例高达78.7%。教师的工作环境由宏观环境和微观环境两个部分组成。如政治法律环境、社会文化环境、自然环境以及经济环境等都属于宏观环境。社会环境对教师的职业发展和规划有着至关重要的影响，当然，国家政策、教育发展以及科学技术的进步等也会影响教师的职业发展。

（1）教师职业发展受国家政策的影响。教师只有按照国家政策的要求来进行职业生涯规划，才能被国家和学校认可，才能获得教师资格证书并顺利就业，而且经过国家的各种考核，也能有效促进教师专业水平的提升。

（2）教师职业发展受教育改革的影响。近年来，教师的职业发展也受到了国家教育改革以学生核心素养培养为目标的影响，这一新的目标的提出，也让教师面临了新的挑战，若是教师无法迅速有效地适应这一变化，就会对其职业生涯形成较大的影响，甚至导致个别教师无法再从事教师工作。

（3）教师的职业发展在科学技术的进步下也有着较大的变化。任何一项技术的进步和发明的产生都会影响教育，传统的教育方法正在逐步被新的教育手段取代。多媒体技术、计算机技术、人工智能等新技术不断地渗透到教育领域，让教师不但迎来了新的机遇，而且面临着新的挑战。教师只有不断地学习和应用新的教育技术手段，对自己的职业生涯进行合理、科学的规划，才能更好地适应教师工作的需要。

微观环境主要是指学校的组织环境。学校作为一个组织系统具有自身的独特之处，这个系统中对教师职业发展产生作用的因素包括各种规章制度、校长管理类型、组织气氛以及社团组织文化等。

（1）学校是否具备科学、合理的规章制度会影响教师的职业发展。通过调查得知，教师长期处于不合理的规章制度下会形成较大的心理压力，而且，教师的工作投入程度和满意度也与公平的奖惩制度直接挂钩。

（2）教师的制约发展周期也会受到校长管理类型的影响。学校想要获得教师的积极反应，就应该将校长的管理类型和教师的职业成熟度联系起来，否则，将会对教师的发展形成制约。

（3）教师的职业发展与组织气氛的关系也是非常紧密的。组织具有融洽的、充满关爱的和相互协作的氛围，则更容易激发教师的职业自信心，让教师对自己的职业发展进行合理的规划并付诸行动。

（4）近年来，人们越来越关注学校组织文化对教师职业发展的影响，并对组织文化所产生的凝聚、激励、约束及导向作用给予了高度重视。将教师的个人特质和学校组织文化融合起来能够有效地激发教师的职业理想和工作热情，从而对教师的职业发展形成强有力的推动力。有研究表明，学校因素的特征对教师职业观形成的作用是不可忽视的。比如，对教师职业观形成具有强大影响的就包括学校类型和学校所处的地位等，从对教师职业发展的重视程度来看，重点学校明显高于普通学校，城市明显高于镇。当然，学段和任教科目对其影响并不是很明显。

3. 名师引导

名师的引导将对年轻教师的成长产生积极的作用。何谓名师？名师是指那些思想观念先进、教学工作能力突出、具有专家型的教育研究眼光，并能有效地起到示范、引领和辐射作用的优秀教师。目前，一般将名师分为如下三种类型。

一是教学型名师。这一类名师具有独特的教学方法和教育艺术，并取得了显著的教学效果，是学生非常喜爱的一类教师。例如，北京小学教师霍懋征就坚持以"没有爱就没有教育"作为教学原则，对每一名学生的个性特征都给予了重视，有效加强了对他们兴趣、爱好和理想的培养。为此，他获得了"国宝级"名师的称号。

二是教研型名师。该类型的名师以教学、教研相结合为主要特征，并促进了两者之间的相互促进和协调发展。这类教师教学业绩突出，教研成果丰硕，得到学生、同事、学校、家长的充分肯定，得到社会的广泛认可。目前，大多数特级教师、正高级教师、名教师工作室主持人都属于这一类名师。

三是研究型名师。这类名师具有扎实的专业知识、颇高的学术素养及理论修养、很强的教研能力及对教学问题的洞察力。例如，国内教育家陶行知的生活教育理论、晏阳首次提出的乡村教育理论，苏联教育家苏霍姆林斯基的全面发展教育理论等，这些教育家、教授都属于研究型名师。

当然，教师职业观的形成也会受到各类型名师引导的影响。而名师的成长也是一个长期的教学教研实践过程，具有长期性特征。他们是通过对教育科研课题进行深入研究、积极参与课堂实践，并在不断加强自身修养中逐渐成长起来的。因此，名师的引导可以从如下三个方面进行。

第一，在课堂上引导。名师成长的起点是他们的课上得精彩，有着非常好的效果。因此，学校要为名师引导搭建平台，为年轻教师的尽快成长创设环境。例如，学校建立起本校名师与年轻教师"传帮带"的指导关系，让年轻教师经常听名师的课，直接模仿和吸收他们的教学技艺；采取"请进来"和"走出去"相结合的方法，让年轻教师开阔视野，博采众长，提高他们的教学技能；通过省、市级名教师工作室网络平台，让年轻教师能够观看名师的"课例视频"，直接与名师进行网络交流，消解教学过程中的诸多疑惑。

第二，在教研中引导。名师是在教研中成长起来的，教研是名师成长的催化剂：名师只有在教学中不断尝试、试验、反思总结，才能逐渐形成具有创新性、独特的教育教学思想和风格。在名师的参与下，进行听课评课、说课评课或者针对某一教学问题的讨论等教研活动，对于年轻教师的成长具有针对性。目前，名师引导最有效的教研活动是名教师工作室。名教师工作室是当代教育发展的产物，随着教育改革的深入，名教师工作室业已成为促进教师职业生涯发展、培养优秀教师的重要形式。各地教育行政部门可以通过多种工作模式，如名师的引入、相关经费和政策的扶持、为名教师建立工作室、引导名师充分利用信息技术和制度化的组织方式、建立远程学习平台、组织团队攻关和跨校跨区协作等，有效发挥名师的"领头雁"作用，促进和带动一大批青年教师的专业成长。

第三，用内在要求引导。名师成长有极强的内部驱动力，名师不是靠外部培养出来的，几乎所有的名师都是经过自身不断努力成长起来的。其专业发展经历了长年累月的积累，甚至毕生的积淀——终身学习、学会反思和教学研究，这三个方面是他们练就名师的法宝。因此，终身学习应成为每一位年轻教师具备的习惯，时代在变，学情在变，人们对社会的认知在变，这就要求教师树立终身学习的信念；学会反思应成为每一位年轻教师业务提高的阶梯，反思就是教师总结自己在教育教学工作中存在的不足之处，在不断的反思过程中提高自身的教育教学能力；教学研究应成为每一位年轻教师可持续发展的必由之路。

三、教师职业观的实践路径

教师职业观的形成是多种因素相互作用的结果，所以，对于教师职业观的培养，需要学校、社会和教师本人的相互配合、积极努力。

（一）学校：为教师专业成长创设和谐环境

学校是师生学习、工作和生活的重要场所，更是践行尊师重教的主要阵地。一所正规的学校，它在完成自身教育教学任务的同时，还应自觉地承载双重职责和义务，即一方面是"尊师"，另一方面是"重教"，这两者不可偏颇、不能顾此失彼，必须把两者有机统一起来，和谐发展，方可折射出校园固有的淳朴的尊师重教之风气。当我们纯净的校园在一片宽广和谐的环境下，"尊师重教"渐成一种习惯、一种风气，教师就会在这样的环境中自然而然地不断提升自己的专业能力。

1. 增强新入职教师的职业培养

随着我国教师教育改革的不断深入，在新入职教师这个队伍中，不仅有师范院校的毕业生，还有很多非师范院校的毕业生。总体来看，这些新入职教师的学历较高，他们大都掌握了大量的新理论，精力充沛，热情高涨，责任心强，工作认真负责，容易与学生打成一片，也容易实施新的教法，这些都给基础教育带来了相当大的活力。然而，他们正处于由学生角色向教师角色转变的过程中，面临着一系列工作适应、人际适应、心理适应等问题。其中最为突出的问题就是缺乏实际的教学经验与有效的方式方法，难以将所学理论与实际教学有机结合，因而工作压力较大，心理困惑较多。因此，他们亟须名教师工作室提供精准岗前培训和经常性的、有效的教学指导。

（1）增强新入职教师的职业认同感。

增强新入职教师的职业认同感，需要多方努力，多管齐下：一方面，全社会要继续营造浓厚的尊师重教氛围，提高教师的地位，维护教师的权益，改善教师的待遇，使教师成为受人尊重的职业；另一方面，教育行政部门和学校要加强新入职教师的职业道德和职业理想教育，增强教师教书育人的责任感和使命感。例如，学校可以采取课堂教学的培训方式，这种方式主要包括讲授、案例分析、研讨等。其中，讲授可采取教师培训、名人报告及专家讲座相结合的方式。培训内容的设计要涵盖理念层、制度层、执行层、形象层、成果层五个层次。理念层主要体现核心价值观体系，制度层主要阐释学校制定的各项规章制度对职业道德观和职业责任心建立的激励机制，执行层主要是通过开设时间管理、压力与情绪管理、自我管理、职业生涯规划等课程提高新入职教师的职业素养，形象层主要通过职业艺术、职业形象与礼仪等课程塑造新入职教师的良好形象，成果层主要讲授数据分析、材料归类、观点提炼等方法与技巧。此外，学校还要大力开展新入职教师职业观主题演讲比赛、新入职教师授课技能竞赛、正确职业观培养经验分享会等，加强新入职教师职业道德和职业理想教育；通过访谈和问卷调查的方式，及时收集现阶段新入职教师在工作中面临的困惑与难题，通过对问卷进行汇总分析，识别出典型问题，以圆桌会议和主题会议的形式进行专题研讨。

（2）加强新入职教师教育理论学习。

具有广博的知识素养是教师开展良好教学的重要条件。教师需要具备的知识主要包括四个方面：通用知识、学科知识、教育教学的实践性知识和学生学习及发展的知识。而对于新入职教师来说，最难掌握的是教育教学的实践性知识。教学能力的提高不是一朝一夕的事情，它需要长期的大量的教学实践的历练。而且，由于教师所面对的学生是活生生的人，尤其是现在00后、10后的学生，他们的个性更为鲜明，学习需求更为多样，这在一定程度上决定了教育教学与管理过程的复杂性、多变性和挑战性，使得新入职教师的教学实践之路变得更为曲折与艰辛。

新入职教师要避免走弯路、错路，就必须继续加强教育理论的学习和提高。教育理论是对教育现象或教育事实的抽象概括，它在本质上超越了具体的事实和经验，能够有效地反作用于教学实践。新入职教师要想有效提高自己的教学能力，就必须加强教育理论的学习，积极参加学校和教育行政部门提供的相应的教育理论培训。例如，学校或名教师工作室对新入职教师进行的岗前集中培训。这种培训的目的是帮助新入职教师熟悉学生需求以及就职学校各方面的政策、制度、程序和课程安排等情况，从而使新教师顺利过渡到工作岗位。这种培训具有很大的灵活性，可以根据各校的情况而定，它既可以是集中一段时间进行基础知识和教育理论讲授，也可以是集中一段时间进行课堂教学及班主任管理、育人工作的指导，包括提供讨论、观察、演示和实习的预备课程等。其优点是培训内容正规，按照国家对教师的要求进行培训；学习时间集中，便于教师深钻细研学习教育教学理论。

（3）强化新入职教师教育教学技能。

唯物辩证法认为，一切事物都是内因和外因共同作用的结果。但外因只是事物发展变化的条件，内因才是事物发展变化的依据。内因是第一位的，决定着事物发展的基本方向。对新入职教师来说，学校和教育主管部门提供的职后教育是其进行教育教学、提高教学能力的"外因"。教师只有从"内因"的角度，自己做个"有心人"，才能有效提高自己的教学能力。

学校和教育主管部门提供的职后教育的方式方法很多，有导师制培训、研修式培训、备课培训、一般性培训和远程教育培训等。其中，导师制培训是指中小学为新入职的教师指派一位有经验的教师作为其指导教师，给予新教师教育教学建议并进行指导，即"传、帮、带"，通常有听老教师示范课，与老教师一起研究教案和讨论问题，到校内外培训基地参加培训等方式。导师制培训的目的是提高新入职教师的教学技能，使他们熟悉学校的文化和环境，为他们提供情感支持和成为优秀的人民教师奠定良好的基础。指导教师要根据新入职教师的个人任教情况，制订适合他们的专业成长的目标和计划，并据此开展指导工作，包括明确新教师的基本要求、制定发展目标、明确相应的行动计划、对新教师的教学进行观察和专业考察。研修式培训包括研究问题的培训和以课程为基础的培训。研究问题的培训的特点是联系中学教育实际问题，在研究解决问题的过程中提高新教师的素质和能力。这需要新入职教师在指导教师的指导下，学习研究制订教学计划、研究教材、编写教学设计文本以及学习研究如何管理班级、如何进行道德指导和保健安全指导等，以此来培养新入职教师的教育与教学的使命，使其收获智慧与经验，提高他们教育和教学的实践能力。以课程为基础的培训主要包括学位课程培训、单科课程培训、特殊教育课程培训、专业教育课程培训和短期进修课程培训等，这种培训针对性更强，效果也十分明显。

新入职教师专业自我提升的方法主要有以下两种。

第一，学会听课。很多新入职教师起初都会去听老教师的课，但有些人仅仅是为了应付学校布置的听课任务。事实上，听课是新入职教师尽快适应课堂教学工作的一条捷径。新入职教师一定要对听课给予足够的重视：在听课前，就自己教学中困惑的问题逐条梳理，整理出主要问题；在听课时，有针对性地观察老教师在处理这些问题时是怎么做的；在听课后，与老教师进行交谈，就自己关心的问题探讨出适合自己的解决办法；最后写出简明扼要的反思与总结。

第二，教学历练。在大量听课与思考的基础上，新入职教师应博采众长，将这些长处"嫁接"、改造到自己的教学中，逐渐形成自己独特的风格和教学特色。当然，教学能力的提升是一个相对长的过程，不可能一蹴而就。但只要做个教学的"有心人"，善于在听课和教学中用心琢磨、实践，就能脱颖而出。事实证明，很多刚入职的新教师起点都差不多，周围的工作条件和环境也都差不多，但3年以后会出现相当大的差别，最关键的原因就是有些教师不断专心学习、用心教学，不断调整自己的教学策略，不断提升自身的教学能力。

2. 不断优化教师职业培训的环境

内因是变化的根本，外因是变化的条件，外因通过内因起作用。教师的成长、职业观的树立，自身的主观努力固然重要，但学校环境的作用也不可低估。

（1）舒适的学校环境是教师成长的催化剂。宽松、和谐的学校气氛能为教师的成长创造良好的外部条件，是教师成长的催化剂。当教师在思想、业务和生活上有一些需要解决的问题时，能及时得到领导、教师的关怀、帮助和体谅，他们就会自觉地融入这个集体，并增加对集体的依赖程度。这种关怀体贴会给教师以极大的精神力量，产生凝聚效应，从而使新入职教师热爱自己的学校和工作，最大限度地发挥自己的潜力，加速自己的成长。

（2）完善的学校制度是教师成长的重要保障。不同的学校有不同的制度，完善的学校制度为教师成长搭建了平台、提供了保障。例如，某校针对30岁以下的青年教师有如下措施：①每天签到坐班，每月上一次汇报课，每学期听课不少于30节。②拜师学艺。30岁以下的青年教师，学校都会为他找一位教学经验丰富、品德高尚的教师当师傅。在教学中，师傅徒弟互相听课，师傅帮助徒弟解决教学中的疑问，并且把自己的宝贵经验传授给徒弟，师傅尽量让年轻教师少走弯路，从而使青年教师更快、更好地成长。③举行青年教师的赛课活动，通过赛课、评课，发现青年教师教学中存在的问题，并及时地解决他们的问题，加快青年教师的成长。④青年教师要不断地学习，充实完善专业知识，和学生一样做中考试卷和高考试卷，了解知识最新动态，防止知识老化。⑤每学年至少写出1篇教学论文与不少于30篇的心得体会。教师的论文、课题或者是其他的科研成果获得奖励的，学校报销其所有费用。虽然钱不多，但能反映出学校对科研工作的重视与支持。⑥每学期一开学，教师就上报上学年的科研及教学成果，学校张榜公布并且给予教师物质奖励。通过这个方法，大家就可以知道自己和别人每年的收获，当自己的收获比较少的时候，会觉得不好意思，这样来年就会更加努力。这也是一种很好的督促教师成长的手段与方法。

（二）教师：在思想认识上形成高度自觉

有了正确的思想，才会有正确的行动。教师只有在思想上形成正确的职业观，即具有远大的职业理想、正确的职业认知、高尚的职业情操和坚强的职业意志，才能在教育、教学岗位上发挥自己的聪明才智，为教育和社会做出积极的贡献。

1. 正确认识自己的职业

围绕职业问题，人们会有这样或那样的看法，这也是教师碰到的首要问题。

教师职业是神圣而崇高的，正确对待自己所从事的职业涉及教师职业观的层次问题，即敬业、勤业和爱业。

第一，敬业。教师的敬业是一个道德范畴，是教师对待自己工作负责任的态度；教师的敬业是一种工作态度，是教师对待自己工作的努力程度；教师的敬业也是一种生命态度，是教师对待自己工作的敬业精神。

第二，勤业。勤劳是中华民族世代相传的美德。教师的勤业就是始终保持一种张弛有序的工作状态，保持一种昂扬向上的积极精神，即做到口勤、腿勤、手勤、眼勤和脑勤。口勤就是要善于发问、善于交流，敢于发问、敢于交流；腿勤就是要多到教学中去、多到学生中去，深入实际和生活，多了解情况，掌握实情；手勤就是要多动手、多劳动、多实践；眼勤就是要多看事、快看事、会看事、会来事；脑勤就是要不断地发现教育教学中的问题，不断地思考解决问题的方法，不断地反思和总结。

第三，爱业。前文已经对爱岗敬业进行了解读，爱业就是热爱自己的工作岗位，热爱自己的本职工作。教师爱业有两种状态：一种是"爱一行，干一行"，这是我们追求的工作的"理想状态"，这样的工作是可以当作事业来做的；另一种是"干一行，爱一行"，这是退而求其次的状态。从生存需要的意义上讲，"干一行，爱一行"体现的是一种无奈，一种消极的心态，一种被动接受后的主观反应。有些教师起初也不一定喜欢教师职业，由于自己喜欢擅长的职业难以参与其中，阴差阳错地进入教育行业，这是不得不求其次的选择。然而，这种选择不见得是对自己人生目标的妥协，因为人的兴趣是可以慢慢培养起来的。"干一行，爱一行"体现的其实是一种责任、一种担当。教师既然已经选择了教育事业，就不能消极怠工，误人子弟，应该勇敢面对，积极适应，努力拼搏。这种积极的心态也是一种"自律"的表现。教师自身的努力加上后天培养出来的兴趣，他是可以成就自己另一番天地的。

2. 培养自身高尚的职业情感

人有了正确的职业认识，就会在职业活动中形成高尚的职业情感，表现出良好的道德行为。在教育教学活动中，教师如果缺乏职业情感，就会对周围的事物漠不关心，对待学生冷若冰霜，这说明职业情感在教师职业生活中的重要性。教师的教学活动无时无刻不牵动着他们的感情，陶冶着他们的道德情操。

（1）正义感。正义感是一种最基本、最高尚的道德情感，它要求教师以公平不倚的态度对待人与人之间的关系。教师在教育教学活动中的正义感，一方面表现为其对学生平等相待、一视同仁，不牟私利；另一方面表现为坚定执行党和国家的教育方针政策，努力维护教育行业和学校的各项规章制度，敢于同一切违反社会主义道德原则的不正之风做斗争。

（2）荣誉感。荣誉不仅是指人们在进行自我评价时产生的自尊的心理体验，而且是指社会在对人们的思想行为进行评价时形成的积极褒奖。荣誉感就是一个人意识到社会的肯定和褒奖所产生的道德情感。当教师全身心地投入教育事业、取得巨大成绩、自己的社会价值得以实现时，他就会感到由衷的喜悦和自我安慰，并促使自己继续前进。其实，生命与荣誉是融为一体的。同时，荣誉也与义务密不可分。教师只有为学生服务、为师生排忧解难，个人的工作被学生、家长和学校认可，受到他人的尊敬，才能产生荣誉感。

第二节　教师的学生观与实践

一、教师的学生观的概念及其形成过程

（一）教师学生观的概念

学生观是教师对学生的本质属性及学生的地位、特点、作用的总的看法和根本态度。它是一种具有重大影响力的教育观念，直接影响着教育教学活动的方式、目的和效果。教师对学生采取什么样的态度和价值观，就有相应的教育观。学生观是时代精神最生动和最亲切的表现。

学生观属于观念意识的范畴。观念是人对物质世界的一种认知结果，是客观存在的主观印象。我们应从四个层面来把握：一是观念既可以是零散的、不系统的感性认识，也可以是系统化、理论化的理性认识，是"经验和理论在人们头脑中的积淀"；二是并不是所有认识都可以称为观念，观念应该是对一类事物的概括化认识，而对这类事物中某一具体个体或具体问题的认识，则是主体内部观念的一种反映、外显；三是观念作为指导人们行为的一种心灵活动，既可以被意识到，也可以处在潜意识水平，不被主体所意识到；四是观念一旦形成，就具有了评价事物、唤起主体态度、指引和调节主体行为的定向功能。教师的学生观就是教师对学生这个群体的一个基本看法，在这里学生已不是某个具体的个体，而是一个类概念；教师对某个学生的认识、看法，则是他的学生观在这个学生身上的具体反映。

从科学性和全面性的角度来审视，学生观的内涵主要包含两个方面：一是在本质层面，学生观是指教育工作者对学生的一种态度和看法，即学生是什么样的人，教师用什么样的观点、方法去认识、对待学生。它是教师的世界观、

教育观在学生问题上的具体体现。二是在作用层面，学生观是指教育工作者对学生的看法和态度影响其在教育实践中的工作态度与教育行为的取向，直接制约着教育效果。因而，如何看待学生是关系到教育工作成败的根本问题，而怎样看待学生，绝不仅仅是一个方法和技术的问题，从根本上说，它应是一个思想观念问题。

（二）教师学生观的形成阶段

在实践中，教师学生观的形成过程实际上表现为教师个人学生观念的形成过程。任何教师个人的学生观都要经历一个产生、发展、成熟的过程，是一个动态循环的生成过程，这种循环过程表明教师的个人学生观总是处于一个变化的动态过程之中的。这种动态的循环过程是在性质上不断发展与不断完善的螺旋式上升过程。教师学生观的形成具体分为以下四个阶段。

1. 注意与习得

任何关于学生的经验或理论要成为教师学生观首先必须引起教师有意识地关注，在关注的基础上教师会对这种关于学生的经验或理论进一步了解，并做出最初的选择与取舍，且赋予了自己的初步理解，形成了表层意义上的学生观，但还没有真正内化为教师的深层认知结构。在这一阶段，教师对学生的认识主要还处于模拟、想象的状态，是一种比较粗浅的认识与把握，即以教师本身为立足点的思维方式。这是人的认识过程的最初阶段，却是认识成熟所必须经历的阶段。可以说，这个阶段是教师学生观形成的自发阶段。

2. 认同与实践

在注意与习得的基础上，教师会对各种表层意义上的学生观念做出取舍，选择那些既符合自己的实际教育情境，又能使自己力所能及的表层学生观念付诸实践。一般来说，教师主要是根据自己的权限范围、教育能力、外界支持条件等方面的综合考虑与权衡，对自己初步形成的表层学生观进一步在事实的层面进行判断与认同，最后决定将最具可行性的、最有价值的那些表层学生观运用于自己的实践中。可以说，教师对某种表层学生观的认同并付诸实践是教师最终形成相应的个人学生观的关键性环节。在这一阶段，教师获得了很多感性材料，形成了很多感性认识，这种感性认识表现为具体生动的形象，进而在感性经验积累的基础上形成了较为系统的实践操作形态的个人观念，即对事物的认识还只是在事物本身，还不能超越现象的客观表象而深入本质，是一种就事论事的认识，是一种具体形象思维。可以说，这个阶段是教师学生观形成的自觉阶段。

3. 组织与内化

这个阶段是建立在教师反复实践基础之上的，因为只有经过反复的实践与总结，人的认识才可能深化。组织，即教师将许多由不同的实践形成的不同的感性认识组合在一起，对这些感性认识进行比较、关联和系统化的过程，组织的结果是教师将感性的有关学生的经验概念化与理论化。内化，即教师将已经概念化和理论化的理性认识通过顺应或同化的方式转化为自己的认知结构。这时，教师逐步形成理论形态的个人学生观。通过组织与内化的理论形态的教师个人学生观才算是严格意义上的学生观。理论形态的教师个人学生观主要以概念、判断和推理等语言符号的形式表现，是一种比较抽象的表征系统；这种理性认识阶段是在感性认识的基础之上产生的，是感性认识的进一步发展和深化，并使感性认识条理化、规律化。

4. 迁移与创造——教师个人教学风格的形成

这个阶段是教师对某种特定的有关学生的理论灵活迁移和创造性运用的阶段。这里的迁移更多的是指教师不仅能够将某种已经形成的理论形态的个人学生观运用于与原来情境相类似的情境中，而且能灵活地运用于与原来情境不同的情况下。创造性运用是指教师对既定个人学生观在运用中的灵活性与变通性，即教师在保持某种个人学生观内涵精髓的前提下，能够根据各种不同的情况采取不同的具体行为，并能够在一定程度上生发出新的内容与行为。

二、教师学生观形成的影响因素

很多因素会影响教师学生观的形成。在个人学生观的形成中，教师是主体，但是其内外环境和主客体也会影响其形成不同的学生观。通常来说，内部因素和外部因素两个方面共同影响教师学生观的形成，如文化因素、家长因素、重要他人以及学校因素等都属于外部因素，而教育实践经验、教师的职业理想、气质以及教师的教育理念、教师的自我学习能力等都属于内部因素。

（一）外部影响因素

（1）文化观念。教师的学生观形成具有一定的客观性，其外部因素影响的成分也比较大，其中文化观念就是较为重要的一个影响因素。教师学生观的本质和基本特征受到传统文化背景的影响。不同时期，教师具有不同的学生观表现形式。例如，在古时候，教师是权威的代表，尊师重教观念也不容置疑，学生应该无条件地服从教师，这也是中国的一种传统文化，到现在为止，它继续对教师的学生观形成有一定的影响。20世纪以后，建构主义、存在主义、后现代主义等各种新的理论流派的出现改变了教师的学生观，人们对学生主体性的认识也越来越重视。到改革开放后，学生观的发展更加多元化。21世纪以来，促进每个学生的发展成了新课程改革的主要方向，这也是对传统学生观的一次较大突破。文化的不断变化也对教师的教育理念产生了重要影响，教师也正是在各种文化变化和思想突破中逐步形成了较为科学的学生观。

（2）教师的角色观。对教师教学的核心影响因素也包括教师的角色观。教师的角色观指教师是如何认识自己的教师角色的，并对教师这一职业的行为要求、社会地位、角色期望以及职业特征是如何看待的。在新课程背景下，教师在构建自己角色的过程中也要不断地更新理念，积极完成组织者、促进者身份的转变，并立足于学生的个性品质和学习能力的发展来将自己的统治者、导师的身份转变为"学生学习的参与者、引导者和合作者"；并以"研究者"的身份取代之前的"权威"身份，同时还要加强自身的学习、积极探索教学问题、创新自身的教学思路和促进教育改革等。可见，教师的学生观在一定程度上也受制于教师的角色观。

（3）学校管理。学校在培养学生上是以国家教育目的为原则的，国家教育目的的实施者是教师。因此，教师的个人观念体系中应该包括国家的相关政策和法规。教师的个人教育观念的形成也会受到学校环境的影响，主要表现在以下几个方面。

一是学校的办学理念。学校的办学特色在于其办学理念的不同，这也是学校办学思路的一种体现。同时，学校的办学理念也会影响教师的观念和行为等，教师是根据学校的办学理念来教育和培养学生的。例如，若是学校以学生智力的开发为办学目标，那么教师就会重点培养学生的智力；若是学校以特色教育为目标，则教师会对学生的特长培养更为重视。

二是学校的办学环境。教师的学生观也会受到学校办学条件的影响。例如，若是班级人数过多，教师会无法关注每个学生的个性和不同，因此也会制约教师学生观的形成和落实等。

三是对教师的评价机制。现在很多学校都是以学生的考试成绩和教师的常规工作等方面来考评教师，并重点关注教师是否全面讲解了课堂知识点、是否突出了重点和是否层次分明等，但是如何促进学生的个性发展却关注得较少，而且评价也存在着重量不重质的问题，因此，教师的评价机制也会影响教师的学生观。

（4）学生家长。学生是家长和教师共同作用的教育对象。因此，家长和教师之间的关系也是非常密切的。不过在看待问题的角度和方式上，家长和教师却有着一定的差异，因而也会出现不同的看法和建议等。这一因素也会影响教师学生观的形成。家长可能关注的重点在个体，但是教师在关注个体时更需要对集体进行关注；家长只重视自己孩子的成绩，但是教师则要考虑学生的整体全面发展。因此，教师适当安排一些非教学活动，这也可能导致家长的不满情绪。因此，家长会对教师学生观的实践造成影响，甚至不利于教师现代学生观的形成。

（二）内部影响因素

（1）教师的气质。每个人都具有自身的独特气质，这也是一种先天的人格特征。教师需要具备相应的气质，这样才能更好地开展教育教学工作。教育工作要有较好的细心和耐心，能够克制自己，谦恭忍让，善于自律，具有生活规律和稳重的态度等，这些都是教师必备的气质要求。从这些要求上来说，内向型气质教师会优于外向型气质教师，而外向型教师比内向型教师具有更好的灵活度和敏捷度。气质不同，教师所形成的学生观也会有所差异。

（2）教育实践经验。教师的教育实践经验是在长期的教学实践中产生的，是在教育活动中获得的自身感官和情感体验。表象性、直接性及形象性等都是教育经验的重要特征所在；刚入职的教师还只能形成较为浅层的教育认识，只有经过长期实践后，才能结合理论和实际，形成教师自身的教育经验。与此同时，教师在开展教育实践的过程中也会对自己的教育手段和教育行为进行反思与总结，从而获得更加直接的教育体验，并用于促进学生的发展中。

（3）教师的职业理想。研究发现，特级教师队伍中大部分教师是出于自身的兴趣和爱好而加入教育事业中来的，而且，这些教师都非常热爱自己的职业并愿意为之努力。教师正确学生观的认识是基于教师对自己的职业价值有积极的认识，在对待学生时可以采取开明、乐观的态度，能够积极合理地处理各种教学问题等。若教师只是将教育事业看成生存手段，那么就无法形成正确完整的学生观。

（4）教师的个人素养。当然，对学生的认识和态度以及学生观的形成也取决于教师自身的个人素养。教师只有具备以下这些素质，才能成为一名优秀的教师：一是要具备扎实的学科基础知识，具有较好的文化背景和教育理论体系；二是需要具备一定的教研能力；三是需要具备高尚的职业道德修养；四是需要形成独特的人格魅力；五是具有强烈的责任感和时代意识感；六是具有较好的创新力；七是具备良好的人际沟通能力；八是具备一定的组织协调能力；九是具备一定的审美情趣；十是可以做到无私奉献。

（5）教师的教育理念水平。教师的教育理念水平由两个层面组成：首先从感性层面来说，教师的教育理念是通过理论学习和参加培训所获得的，这是理念形成的表层部分；其次是教师通过教育实践加工各种感性经验和认识来形成对事物本质的看法与认识，并逐步成为自身的教育理念。教师教育理念的深化是通过教师将日常的教学实践经验集合其专业化培训以及对学生发展特色的认识而获得的。这个过程对教师个体学生观念的形成也会有所影响。

（6）教师的自我学习能力。教师的自我学习能力是教师在领悟自身教育经验和教育理论学习中形成的一种反思能力。教师新的学生观的形成也会受到教师自我学习能力大小的影响。教师只有具备较好的自我学习能力，才能对学生观的状态和存在的问题进行深入清晰的反思与思考，并根据实际需求来改变自己的学生观。

三、教师学生观的实践路径

（一）教师教育观念的转变

教育观念实质上是人们对教育心理学以及教学本质建立认知后形成的一

种行为意向。在教学活动开展过程中，教师的教育观念占据主导地位，因此，教师的教育观念直接决定其教学质量和教学效果。为了能够跟上时代发展的步伐，教师应及时改变原有的教学观念，迅速向现代化、多元化、民主化的教育观念迈进。

1. 教师教育观念转变及其标准

教育观念的转变并不是一件容易的事情，教师必须冲破原有教育观念的束缚，学习、接受新的教育理念。教育观念转变实质上是一个动态化的过程，教师必须从教育理论逐步过渡到教育观念，更重要的是将教育观念转变为教育行为。教师观念转变大致可以分为两大类，即"深层转变"与"表层转变"。深层转变对于教育所提出的要求更高，教师需要不断练习、改正，教育行为在教育观念的影响下有所改观，让正确的教育观念能够在教学活动中充分发挥其优势；而表层转变对于教学质量、教学效果的提升并没有太多帮助，教师未能把握教育观念的真正内涵，因而其教学行为也没有太大改善。教师教育观念转变情况具有一定的考核标准，建立此考核标准主要是为了衡量教师教育观念是否转变成功，教师必须将教育观念转变为教学行为才意味着教育观念的真正转变。总而言之，教育行为在考核标准中扮演着十分重要的角色。

2. 教师教育观念转变的价值取向

为了提高教学水平，教师应当具备基本的教学素养、科学的学生观，打破传统的教学模式，采用个性化、多元化的教育教学手段，从全方位、多角度提高学生的综合能力。教师教育观念转变的价值取向具体如下。

（1）教育价值观的转变。传统的教育价值观主要聚焦于社会发展的需求以及社会服务，这种相对片面的教育价值观应当向促进人与社会和谐共处靠近。后者强调协调发展的重要性，要求学生能够时刻保持学习的状态，不断提升、完善自我，进而为社会发展做出贡献。此教育价值观还对学校提出了更高的要求，学校应当重视学生的全面发展，培养学生的创新能力、实践能力，为社会输送一批又一批综合型的高素质人才。

（2）教育主体观的转变。在传统教学中，教师在教学中始终占据主导地位，学生只是被动地接受，因此这种教育主体观也被称为"教师中心论"。在课堂中，教师应引导学习完成自主学习，充分发挥学生的主体性，这样更有利于学生能力的提升。

（3）教育功能观的转变。教育的实质就是知识的传播，凭借知识的力量来推动整个人类的进步。教育功能观不再是最初的传道、授业、解惑，而是人类创造力的开发，着重培养学生的创新能力、实践能力。

（4）成才观的转变。随着社会的不断进步，社会对人才也提出了更高的要求，单一化的人才在市场中已经接近饱和状态，社会更需要的是综合型、创新型人才。因此，高校应当制订新的人才培养计划，贯彻落实党的教育方针，实现真正意义上的素质教育，对学生进行有针对性的教学，形成个性化、素质化、多元化的教学模式。

（5）学生学习观的转变。在教育活动开展过程中，学生才是教学活动的主体，学生学习观的树立就显得格外重要，教师应当引导学生养成良好的学习习惯，培养学生自主学习的能力以及科技创新能力，并给予学生有针对性的教学辅导。

（6）质量评价观的转变。在传统教学评估中，分数始终作为教学效果评估的唯一标准，此质量评估观完全不符合当今倡导的素质教育的内涵。学校应当结合本校情况，制定相对完善、客观的教学评价体系，树立正确的质量评价观。

（7）师生关系的转变。师生之间应当建立互信、平等的关系，这样更有利于教师与学生之间和谐共处。

（二）新型师生关系的确立

在教育发展过程中，师生关系一直是人们关注的焦点。师生关系是一种相对特殊的人际关系，此关系主要在教学活动中建立。教师与学生之间建立互信、平等、民主的师生关系更有利于教学活动的开展。在传统教育中，教师的地位始终高于学生，绝大多数学生对教师都具有一定的抵触、恐惧心理。而随着教育改革的不断深化，师生关系也得到了有效缓解，尽管师生之间仍然存在很多问题，但总体上有所改观。下面就新型师生关系的确立展开具体阐述。

1. 构建新型师生关系的基本原则

在确立新型师生关系的过程中，首先需要构建新型师生关系的基本原则。新型师生关系的基本原则主要有以下三点。

（1）取其精华，去其糟粕。传统教育中所建立的师生关系应当批判地继承，绝不可以全盘否定或全盘接受，要在原有基础上加以调整，使其符合当前的教育现状。

（2）在将重心转移到重构的过程中，传统的师生关系转变为新型师生关系是一个相对漫长的过程，在此过程中可能会受到多方因素的影响，但我们应当正确认识此过程并保持最初的态度。

（3）绝不可以出现极端思想，在师生关系转变的过程中，教师与学生的利益应当均衡。

2. 新型师生关系的主要内容

目前对建立"民主、平等、对话"的师生关系这一观点，众多专家学者予以认同，新型师生关系的主要内容如下。

（1）构建民主、平等的师生关系。民主、平等通常是相伴出现的，这是因为民主是实现平等的重要保障，平等又是实现民主的重要表现形式。构建民主、平等的师生关系是教育教学的基本要求，民主、平等也是维系师生关系的前提。如果从知识的角度出发，教师只是知识的传播者，换言之，教师仅仅是知识的先行者，二者并不存在任何尊卑关系。因此，教师应当保持平等的教学态度，不能产生歧视心理，否则会不利于友好师生关系的建立；如果从人情的角度出发，教师扮演的不仅仅是知识传播者的角色，更像是学生的好朋友，二者在人格上保持绝对的独立。因此，二者需要互相理解、给予彼此足够的信任。构建新型师生关系需要教师、学生的共同努力。教师应当在此关系网中做到以下三点。

其一，教师应当秉持民主、平等的态度，开展一系列教学活动，维护学生的自尊心、自信心，不得歧视或贬低任何一名学生，要给予学生足够的信任和理解。

其二，教师应当树立正确的教学观念，冲破传统教学观念的束缚，有针对性地引导学生完成自主学习，倡导气氛轻松、多元化的教学。

其三，教师应当将教育观念落实到教学行为中，真正实现高素质、高质量教学，建立民主、平等的师生关系。

（2）构建和谐、对话的师生关系。和谐对话型师生关系实质上是民主平等型师生关系的进一步提升。师生之间在建立平等、互信的关系后，对话成了必不可少的一部分，师生对话应当保持一种相对轻松愉悦、友好和谐的状态。在对话的过程中，学生可以向老师反馈最真实的听课状况、学习中所需要解决的一系列问题。除此之外，学生还可以与教师分享自己的生活，教师与学生在对话过程中更像是一种朋友关系。教师不仅能够为学生解决学习、生活中所遇到的问题，还能够向学生倾诉、与学生分享自己的生活，不断引导学生成长，成为学生成长路上的引路人。构建和谐对话型师生关系，教师就必须扩大与学生对话的途径，加强师生间的沟通交流。

（3）构建团结、友爱的师生关系。团结、友爱作为中华民族的传统美德，在师生关系中也有所体现。构建团结友爱型师生关系有利于推动教育事业的发展，并且能够与教育发展的内涵保持高度一致。教师应当具备基本的职业操守，公平、公正地对待每一名学生，教师应当给予学生起码的尊重和信任，充分调动学生学习的积极性，绝不能出现偏心、歧视等错误的教学行为。无论是在学习中还是在日常生活中，教师都应当给予学生鼓励与支持、关心与关爱，学会控制自己的情绪，建立团结、友好的师生关系。在教学过程中，教师需要真心对待每一名学生，要让学生感受到教师对教育行业的热爱，对他们的关心以及教导，用自己的行为来感化身边的每一名学生。学生只有在理解教师的良苦用心后，才能更好地与教师相处，不断提升和完善自我。教师应当为学生提供轻松愉悦的教学环境，培养他们的学习热情。

（4）构建双向发展型的师生关系。双向发展实质上是指教师与学生共同发展、相互促进、互相影响，此关系的确立标志着主体学生观取得了重大突破。在传统教学中，"教学相长"就备受关注，"学然后知不足，教然后知困。知不足然后能自反也，知困然后能自强也。故曰：'教学相长'"。其中所谓"学"，非指学生的"学"。就此来看，教学相长并不是用于描述师生关系的词汇，韩愈就提出了"弟子不必不如师，师不必贤于弟子，闻道有先后，术业有专攻"。随着社会的发展，教学相长逐步成了一个描述师生关系的词汇，具体是指学生与教师之间所建立的一种相互影响、共同发展的关系。

在教学活动开展过程中，教师不仅要向学生传授所学知识，还需要不断学习新的知识、新的技能。教师应当具有丰富的知识储备和基本的教学素养，掌握多种多样的教学方法，通过学习不断丰富、完善自我。教师需要不断向学生或外界学习，学习的过程实质上也是自我提升的过程，教师也存在众多的知识盲区，只有谦虚学习、善于思考，才能有更大的突破。构建双向发展型师生关系，教师需要了解学生的基本情况，有针对性地开展教学活动并且对教学活动进行系统化的评估，只有这样，才能达到最佳的教学效果。学生的需求对于教学活动的开展至关重要，如果教学不能满足学生的需求，则学生自然会产生抵触情绪。学生作为教学活动的主体，不仅要积极参与到教师所安排的教学活动中，还应当树立正确的世界观、人生观和价值观，在日常生活中，学会与教师沟通交流，尊重并信任每一位老师，在学习过程中有所收获和进步。构建民主平等、和谐对话、团结友爱、双向发展的师生关系，能够实现素质教育的跨越式发展。

第三节　教师的教育教学观与实践

教育教学观是对教育教学的基本问题的理性认识，它决定着人们对教育教学的态度和行为。有什么样的教育教学观就有什么样的教育教学态度和行为，这是为现实的教育教学改革实践所反复证明了的。只有真正树立起现代教育教学观，才能推动教育教学改革不断深入发展，取得成功。基于此，本节主要探讨教师教育教学观、教师教育教学观的形成和教师教育教学观的实践。

一、新课程背景下的教育教学观

教学改革是课程改革的一个有机组成部分。在新课程改革的形势下，教师不应再是教书的机器，而应该用现代教育教学观念和手段去教育学生、引导学生，与学生建立民主、平等的伙伴关系，充分发挥学生的主观能动作用。其中，教师教育教学观念的更新、学生学习方式的转变在教育教学实践中起着举足轻重的作用。教师应成为能师、人师，努力用自己的现代教育教学观念去塑造学生，让他们都能学有所长，学有所得，真正成为学习的主人，社会的有用之才，国家的栋梁之材。

（一）以人为本的教育观

教育是一种社会现象，是一种培养人的活动。教育为人类所特有，与人类社会共始终。教育者、受教育者和教育中介构成了教育的基本要素。中国教育的发展根植于中国社会政治、经济和文化的背景中，具有自己的特征。

人的身心发展所具有的历史性、循序性、阶段性、不均衡性、差异性、相似性、整体性、价值性等特点，是教育教学活动开展的现实依据。影响人发展的因素主要包括遗传、环境、主体性和教育四个方面。遗传是个体发展的前提条件，环境是个体发展的外部条件的总和，主体性是个体发展的动力源泉，教育特别是学校教育，在促进个体的个性化与社会化、提升个体的地位等方面发挥着不可替代的作用。

社会由经济、政治、文化、人口等因素构成。任何一个因素的改变都会引起整个社会的变迁。而教育作为社会中重要的子系统之一，也必然会受到其他子系统变迁的影响。社会生产力、政治、文化、人口等因素的变迁都将引发教育的一系列改革与调整。但教育在社会发展面前并非完全被动，教育社会功能的存在表明教育也有能力对社会的各个子系统产生深远的影响。与教育促进个体发展一样，教育的社会功能也是教育不可推卸的责任。

教育既是为了人的一切，也是为了一切的人。教育就是为了要让人变成真正的人。

放大"人"在教育中的比重是新课程在精神和价值上的一个最大特征。以下几个方面可以帮助进行深入理解。

（1）新课程把"人"作为教育的支柱。它以人和人的发展为中心，给予人的个性、价值和尊严以足够的尊重，让人在个性、主动和全面上都实现发展，以此来设计教育的政策和目标，形成一套完整的教育理论。这既是新课程的灵魂所在，也是其基本理念。

（2）在新课程中，参与、批评和促进课程建构的是教师与学生，所以二者是不可或缺的课程因素。

（3）新课程充分关注每一个个体的全面发展和终身发展。"全面发展"指的是实现人的综合发展，重点在于和谐性和"共时性发展"。"终身发展"也是实现人的综合发展，但其重点在于生成性和"历时性发展"。"终身发展"要基于"全面发展"才能实现，只有这样，才能让人实现完整的发展，更好地服务于社会，实现生命价值，为社会做出贡献。

（二）全面、交往、生成的教学观

对于教学观，《基础教育课程改革纲要（试行）》中指出："教师在教学过程中应与学生积极互动、共同发展，要处理好传授知识与培养能力的关系，注重培养学生的独立性和自主性，引导学生质疑、调查、探究，在实践中学习，促进学生在教师指导下主动地、富有个性地学习。教师应尊重学生的人格，关注个体差异，满足不同学生的学习需要，创设能引导学生主动参与的教育环境，激发学生的学习积极性，培养学生掌握和运用知识的态度和能力，使每个学生都能得到充分的发展。"

1. 全面发展

现代教学的根本目的就是实现人的全面发展，以人为中心。将知识、技能、方法、过程、情感、态度、价值观相互整合，培养学生核心素养，这是新课程全面发展的含义。

学科的基本知识和基本技能就是"知识与技能"。

对探究问题过程中采用的方法和相关过程有所了解，并且可以找到发现、分析和解决问题的方法，学会如何学习就是"过程与方法"。

形成积极的学习态度、健康向上的人生态度、具有科学精神和正确的世界观、人生观、价值观，成为有责任感和使命感的社会公民等就是"情感态度与价值观"。

（1）重结论更应重过程。在教学过程中，结论与过程同等重要。结论与过程体现的是学科内部的知识与技能和过程与方法之间的关系，这个关系非常重要。

（2）关注学科更应关注人。新课程的关键在于以人为本。教学中所展现的"一切为了每一位学生的发展"包括三个方面的内容：第一，对所有的学生给予关注；第二，对学生的情感和情绪给予关注；第三，对学生的人格和道德给予关注。

2. 交往和互动

现代教学论的观点是师生在教学中可以实现积极的交往和互动，实现共同进步和发展。

师生在教学过程中的交往有下列几个特点：①教学中的主体为师生，这是交往论的观点，主体性才是师生在交往中的根本属性；②信息在学生之间、师生之间的交流是动态的，师生在不断的信息交流中实现相互的影响、沟通、互动和补充，进而共同分享和进步，这是交往论提出的。所以，互动性和互惠性是师生在交往中的基本属性。

教学的属性若是交往和互动，那么就要依靠"对话"才能实现。

3. 开放与生成

开放与封闭相互对应，生成与预设相互对应，开放与封闭、生成与预设共同组成了教学这个矛盾统一体。

教学的封闭性体现在其运行要依靠相应的程序，而且教学这种活动是需要计划和目标的。

从内容的层面上讲，开放，即科学世界是基于生活世界而存在的，所以科学世界要回归到生活世界中去，生活世界也是教育的最终落脚点，因此，教育也要到儿童的生活中去。

生成才是开放的终极目标，要让学生在每一堂课中都有所得，对生命产生一些感悟。

只有当人处在成长或生长的过程中，才是课堂教学的关注点。若是在课堂教学中失去了对智慧的挑战，缺乏应有的生命气息，那么就不具备生成性。站在生命的高度上来说，激情与智慧在每一堂课中都在生成，而且是无法重复的。

（三）教师应树立的教育教学观

在知识经济时代，知识更新周期将越来越短。教育已扩展到每个人的一生，学校不再是教育、学习的唯一场所，人类正在向"学习化社会"即"教育社会"迈进，应该提倡和树立"终身教育"观念；科技知识高度分化和高度综合发展，客观上要求培养基础知识全面而专业知识精深的"通才"；注重培养学生的创新精神、实践能力和综合素质，培养其健全高尚的人格，树立"人本教育"观念和"素质教育"观念。

1. "育人为本，德育为先"的观念

"育人为本"就是要把教育人、培养人作为根本任务，把学生德智体全面发展作为教育的立足点，教会学生做人。

"德育为先"就是指道德是做人的根本。育人为本，必然要求德育为先。在培养人、教育人的过程中，始终要把政治教育、思想教育、道德教育、法纪教育、心理教育放在首要位置，引导学生树立正确的世界观、人生观和价值观，形成健全的道德人格。

（1）实施"育人为本，德育为先"的意义。

第一，"育人为本，德育为先"是教育的本质属性。能力重于德行、分

数重于素质、尖子重于全体是当下学校教育常见的现象，而这已经全然忘记了教育的根本目的。但学校从出现的那一刻起，其功能就是以"育人为本"的。时代的不断发展，改变了学校的形式和面貌，但没有改变的是育人这个最重要的功能。学生能否写出满分的答案不是教育成效的全部，其中还包括学生的学习能力、实践能力和创新能力，包括学生发现问题、分析问题和解决问题的能力，包括学生的社会责任感。学校办学始终要致力于解决"培养什么人、怎样培养人"这个问题，教育的目的就是重在德育，以育人为根本，用素质教育代替应试教育。这也是教育工作者义不容辞的责任。

第二，"育人为本，德育为先"是我国教育的特色，是科学发展观的重要内容和本质要求。全社会积极地响应、支持教育，保证我国的教育真正做到"育人为本，德育为先"。

第三，"育人为本，德育为先"是学生健康成长与成才的必由之路，是中国特色社会主义事业继续胜利发展的根本保证。只有实现了教育公平，才能实现社会公平。而机会公平是教育公平的核心，不能剥夺公民享受教育的权利，既要让义务教育得到全面、均衡的发展，又要对困难群体给予足够的扶持，这就要向少数民族、边远农村等地区倾斜教育资源，不断缩小与发达地区的教育差距。实现教育工作的终极目标，即"以育人为本"。我国经济社会发展依靠的主要资源之一就是人力资源，而人力资源主要依靠教育来实现。确定教师的主导地位和学生的主体地位，调动学生的主动性和积极性，要明确学校的工作都是为了让学生健康地成长，对每个学生都给予足够的关心，为学生选择适合他们身心发展规律的教育，让学生得到全面、健康的发展。

（2）"育人为本，德育为先"的要求。

一是具备在学科教学中实施德育的意识与能力的培养。在学科教学中渗透德育，就是在课堂教学和课外教学实践中向学生进行思想品德教育，在学科教学中实现德育与智育的统一。具体地讲，学科教学中的德育渗透是依据新课程标准和德育大纲的要求，根据学科教学自身的特点，充分挖掘学科教学中的德育因素，以知识为载体，主要立足于平时的课堂教学和课外教学实践，采用适当的策略与方法，在学科教学中落实德育目标，即情感态度与价值观目标，以达到知识与道德、教学与教育、教书与育人的统一。我们通过分析学科教学中德育渗透的历史和现状，用发展的眼光和新课程的理念，深入落实新课程标准的核心素养，使德育回归到应有的首要和核心地位。

二是具有通过社会实践开展德育的意识与能力的培养。实践证明，开展社会实践，是中学德育的一种重要资源和有效途径。通过社会实践，有助于学生增长知识、开阔视野；有助于学生适应社会，锻炼人际沟通的能力；有助于学生学会分享、尊重与合作，培养团队精神；有助于学生提高自主学习、独立探索的能力；有助于学生形成乐观向上的生活态度，缓解学习压力、调节情绪；有助于培养学生的实践能力和创新能力；有助于学生形成良好的社会适应能力。

教师要在充分认识社会实践意义的基础上，组织多种多样的社会实践活动。具体做法如下：组织学生深入工厂、农村考察，帮助他们了解国情、了解社会，增强对人民群众的感情；大力开展为社会献爱心活动，把青少年志愿者服务活动与社会实践活动结合起来，常抓不懈，常抓常新；加强基地建设，把德育课教育与爱国主义教育结合起来，利用德育基地和爱国主义教育基地对学生进行教育，使广大学生从历史和现实的教育中加深对课堂所学理论的理解与吸收。

2. 因材施教观念

（1）实施因材施教的意义。

第一，实施因材施教是有效教学的需要。由于遗传基因的不同以及生活的环境和所受教育的程度不同，人的资质千差万别。学生的个别差异不仅存在于不同的年龄段，就是同一年龄段的学生也存在着明显的个别差异。差异主要表现为认知发展水平有高有低、意向水平有高有低、个性特点各有长短。某些教学内容、方法、要求适合于甲，却不一定适合于乙，要使学生的身心获得最好的发展，就必须照顾个别差异，进行有区别的教学。所以，我们要积极发现差异、研究差异、发展个体的特长，为各种人才的成长打下坚实的基础。

第二，实施因材施教是促进学生个性发展的需要。由于学生的性格和气质各不相同，所以，教师要了解、掌握学生气质和性格的特性与差异，根据学生性格的可塑性，做到发挥他们积极的一面，克服他们消极的一面。对学习有困难的学生，教师应及时捕捉他们的闪光点，即使他们的表达是不完整或是不正确的，对于他们勇于发表自己的见解，教师也要给予赞许和肯定，让他们感受到教师注意、关怀和喜爱自己，从而产生良好的学习情绪，增强克服困难的勇气。教师要做到在教学过程中根据学生不同气质、不同个性的差异，因材施教、扬长避短、发展个性。教师要正视学生的个性差异，重视因材施教，针对学生不同的个性特点施以有区别的教育，而且要特别注意帮助学生发展优良的个性品质。教师要鼓励学生各显神通，鼓励学生发展自己的个性；要破除传统的教育思想观念，破除几千年封建思想的束缚，为学生个性发展创造一个宽松的环境。

（2）因材施教的要求。

一是遵循教育规律和中学生身心发展规律。规律指的是不以人的意志为转移的客观事物内在的、本质的、必然的联系以及事物发展变化的趋势。教育规律就是教育内部诸要素之间、教育与其他事物之间的本质联系以及教育发展变化的必然趋势。

教育的基本规律有两条：一条是教育与社会发展的外部关系规律，即教育要受社会的政治、经济、文化、人口等因素的制约，并对社会的政治、经济、文化的发展起作用；另一条是教育与人的发展的内部关系规律，即教育既受教育对象身心发展、个性特长的制约，又要协调好教育者、受教育者、教育影响诸要素之间的关系，引导和促进教育对象的成长朝着预期的培养目标健康发展。

现代中学教育的社会功能主要表现在社会的文化、政治、经济等方面。中学教育不仅是文化、政治、经济等方面需求的适应者和实现者，而且是社会文化、政治、经济向前发展的重要动力。中学教育的个体发展功能包括：中学生个体的社会化与个性化，前者主要是指社会需求在学生个体身上的实现，是学生个体"客我"的形成；后者主要指学生个体独特需求的满足，是个体"主我"的形成。

中学阶段又分为初中阶段和高中阶段，从十一二岁开始到十七八岁结束，历时六年。对初中生来讲，他们的生理发展特征是：身体迅速生长，性开始成熟，神经系统的结构和机能发生巨大变化；他们的心理发展特征是：认识有了进一步发展，情感越发丰富，意志行为更为复杂，自我意识的发展有了新的特点。对高中生来讲，他们的生理发展特征是：身体的发育已经基本成熟，发展速度进入平缓阶段，性机能的发育基本成熟，神经系统已发育完善；他们的心理发展特征是：认识能力有了深入的发展，情绪、情感不仅丰富而且复杂，意志趋成熟，自我意识发展渐趋成熟，对异性表现好感与爱慕，强烈追求理想，开始探索人生的奥秘。

学校、社会、家庭应该为中学生的身心发展提供良好的条件；适当减轻过重的课业负担，生活要有节奏；培养积极而稳定的情绪和情感；进行青春期生理、心理和性道德、性法制的教育；加强中学生创新精神和实践能力的培养；重视世界观、人生观和价值观教育；重视安全教育，防止意外伤亡事故。

二是为每个中学生提供适合的教育。"适合教育"是以学生发展为本的教育，它根据学生天赋和秉性、兴趣和爱好的不同，施加不同的教育和影响，实现因材施教，使学生个性得到发展，潜能得到释放，生活更加快乐，成长更有尊严。"适合教育"的基本特征和特质是：教育与学生的契合，让学生处在"最近发展区"，以学生发展为本的、多样化、特色的教育。

为每一位学生提供适合的教育，它关联着教育的均衡发展，不适合学生的教育必将影响学生个体的发展，最终也将影响教育均衡的达成；它关系着学校的特色发展，特色如果不适合学生，就既无存在的价值，也不能真正实现；它关系着教育的可持续发展，不适合学生的教育，影响学生的终身发展，实质影响着教育发展的可持续性。教师要真正转变教育教学观念，改进教育教学方法，在教学过程中充分发挥学生的主体性、主动性和积极性。教学要摒弃注入式，采用启发式，吸引学生积极参与教学；要减轻学生课业负担，把时间还给学生，使他们有时间思考、有时间实践、有时间锻炼身体、有时间参加自己喜爱的科技或文艺活动。这样，我们的教育才生动活泼，我们的学生才能享受到教育的幸福。

3. 引导学生自主学习与探究，发展其自主性观念

自主性主要包括独立思考、自主选择、承担责任三个方面。学生的自主性，首先，要求学生具有明确的学习目标和积极的学习态度，能够在教师的指导和启发下努力学习文化知识，把课本知识变成自己的知识；其次，要求学生有对学习活动进行自我调节、自我控制的能力，可以充分发挥自己的潜力去主动学习。学生的自主性是发挥能动性和创造性的前提。

（1）引导学生自主学习与探究的意义。

第一，有利于激活学生的主体意识，促进学生自主学习。所谓自主学习是一种学习者在总体教学目标的宏观调控下，在教师的指导下，根据自身条件和需要自由地选择学习目标、学习内容、学习方法，并通过自我调控的学习活动完成具体学习目标的学习模式。首先，它为学生创设了心理安全的氛围，促使学生自由发展，这是培养学生学习主动性和积极性必需的气候与土壤；其次，它为学生创设了轻松、自由的学习心理氛围；最后，它为学生创设了民主、探究的课堂教学环境，一个积极健康的课堂教学环境有助于学生生动地、活泼地融入教学过程，良好的课堂氛围是强化和促进学生主体性发挥的重要因素。

第二，有利于激发学生的自由探索欲望和创新精神。创新精神指的是将自身具备的知识、技能、信息和方法相互整合，发散思维想出新的观点和方法，用智慧、信心和勇气去改革、创造与革新。其重点在于在当下的素质教育中，为了适应现在这个知识经济大爆炸的社会，对于怎样更好地培养中小学生的创新精神、意识和能力才是要重点探究的。教师既要严格要求学生，又要给予学生自由，这样才能实现学生创新精神的培养。这主要是因为：一方面是让学生得到了教师的信任和尊重，让学生充满自信，展现出自身的聪明才智，体现出自我价值；另一方面是给学生插上想象的翅膀。通过现代心理理论和教育理论我们可以发现，学生学习的主动性和积极性会因为被动且压抑的学习条件而大大降低，其学习效率也必然是低下的。

第三，有利于培养学生的独立思考能力。现代人必须具备的一个素质就是独立，不仅要有独立的精神，还要有独立的能力，这是健全人格不可或缺的一部分，也是一个人发挥潜力、在社会上独立生活的前提。这就要保证学生在发现问题、思考问题和解决问题时都能独立进行。教师不能包办代替，而应该从学生的兴趣出发，并与学科特点相结合，创设问题情境，为学生营造出一个和谐的研究氛围，将不同的资源提供给学生，引导他们自行解决问题。教师在这个过程中要积极地鼓励学生，为学生指点迷津，让学生进行独立的思考。

（2）引导学生自主学习与探究的要求。

第一，采取多种方式，激发学生学习的兴趣。让学生在兴趣中学习才能提高学习效率。教师可以通过不同的教学方式和教学手段来提高学生的兴趣，不断增强学生的意志力，使其思维得到锻炼，从而让学生具备良好的自主学习能力。教师要想在课堂教学中让学生充满学习兴趣，就要从以下几个方面入手：一是为学生展示一些矛盾的事件，从而激发他们的兴趣，让他们充满求知的欲望；二是帮助和引导学生跨过初始阶段的阻碍，使其兴趣得到稳定；三是增进与学生之间的感情，让学生情绪高涨，兴趣盎然；四是让学生体验到成功的快乐，从而对学科学习感兴趣；五是对学生进行学习方法的指导，让其思绪进入知识的殿堂；六是为学生提供激励性的多元评价，让学生对学习充满兴趣。

第二，创设问题情境，促进学生独立思考。在课堂教学的过程中，教师要引导学生思考问题，充分发掘学生的潜能，把他们带入知识的海洋。因此，教师要精心设计使学生感兴趣的问题，让学生集中精力认真思考，不断提高独立思考的能力。首先，教师创设的问题要有针对性，要做到问题提出的那一刻就使学生有了思维。如果把学生的大脑比喻为没有波澜的湖面，那么教师提出的问题就好像是一颗石子投入了平静的湖面中，让学生的思维掀起波澜，在给学生带来启迪的同时，也激发了他们的思维，促使他们积极地进行思考和学习。其次，要在问题提出之后留有一定的"空白"。提问是课堂教学中的一种常态，是诊断教学的一种手段，能够调动学生学习的积极性，让学生主动进行思考。再次，要深入了解学生的认知水平，给学生提出与他们能力相当的问题，让每个学生都能参与进来，要把全体学生都作为提问的对象，让人人都有机会回答问题，以此让学生产生存在感与成功感。最后，要给每个学生纠正错误的机会。美国著名教育家杜威说过："真正思考的人，从自己的错误中汲取知识比从自己的成就中汲取知识更多。"

第三，营造良好氛围，鼓励学生自主学习。教师要营造民主、和谐的课堂气氛，以充分发掘学生的思维潜能。为此，教师要做好如下工作：一是鼓励学生始终充满好奇心，发扬探究精神；二是鼓励学生大胆猜测；三是容忍学生的错误，让学生克服恐惧心理，引导学生积极思考，勇于实践；四是给予学生足够的尊重，让学生可以自主决定对哪些问题进行深入探究；五是保护学生的想象力和创造力，即使是学生提出不切实际的问题，也要和学生积极地进行讨论，不要马上反对；六是教师可以在学生面前做一个"未知者"，跟学生一起探讨问题，这既会让学生感到放松，也会让学生充满兴趣，使师生之间有了更多的交流，而且让单向枯燥的传统教学变得妙趣横生、充满活力。

第四，搭建自主学习和探究的平台，培养学生自主探究的能力。教师可以在教育教学的过程中，通过对时间和空间的创设让学生进行自主探究。若是学生在这个过程中出现难题，教师就要通过互动平台让学生与文本、教师与学生之间实现多方的互动，产生思维上的碰撞，不断发展学生的个性。自主课堂既要成为学生自我实现的空间，也要让学生可以进行自我的选择、创造、探究、表现和思考，让学生可以充分发表自己的见解，对一些并不标准的答案也不要急于否定。教师要鼓励学生提出新的观点，大胆说出新的想法，让学生做学习的主导者，充分发挥学习的主动性。

二、教师教育教学观的形成过程

教师的教学活动受制于其个体的教育教学观。对于自身教学活动合理性的认识及如何展开教育教学活动是具有不同的教育价值的。正确的教育教学观会给学生的发展带来有效的影响，所取得的效果也会更大。这些观念包括教育者对教育性质、教育对人发展的价值、教育对社会价值的理解，教育在人心灵的塑造和道德养成中的作用、正确的教学方法和有效组织的教育教学活动等。教师只有在正确的教育教学观的基础上形成的人才观、学生观、发展观、教学观，才是理解与贯彻教育理想的思想基础。因此，作为一名合格的教师需要认真学习教育心理理论，不断检视并建构正确的教育教学观。

（一）认真制定个人成长的"地平线报告"

"地平线"隐喻高远的目标和远大的追求，是教师对自我职业生涯的一种设计和规划，是对自我职业境界的主动追寻。教师按照学校的要求，每三年为一个周期，制定一份自己的"地平线报告"，为自己的专业发展确定奋斗目标，选择有智慧的专业生活方式，将教师对自我价值的追求融入明确的专业发展目标中，促进专业素养的持续稳步提升，实现职业生涯的可持续发展。"地平线报告"要从三年的总体规划入手，明确自己在专业理想、专业情操、专业知识、专业能力等方面的发展意向，对自己的职称晋升、业绩目标和职业形象进行预设，为自己的专业成长搭建一个看得见的成长阶梯。在三年总体规划的基础上，教师还要每年制订一个年度计划，从教育名著阅读、教育课题研究、外出进修学习、参加教学大赛等方面，对自己的发展提出更为具体的目标，并付诸实施，实现在工作中学习，在学习中成长。

借助"SWOT"（strengths，weakness，opportunities，threats）分析法，教师从"优势、劣势、机会、威胁"四个方面分析"现实的我"；从对未来三年的专业发展目标、行动计划、外部支持等方面规划"理想的我"；在现实与理想之间找到"真实的我"，在规划与奋斗之间实现"最好的我"，找到职业发展的系留点（在已经从事的工作中保存下来的与所从事工作密切相关的动机和价值观、知识基础和主要能力等综合素质的自我认知）。"地平线报告"的内容之一就是形成先进的教育理念，即确立先进的教育教学观、学生观、发展观及评价观，具有创新精神和教改意识；能自觉、恰当地运用教育教学理论，总结、概括自己的教育教学经验，并使之升华；能清晰、准确地表达自己的教学设想和教育思想；能通过阅读教育大家的论著和论文，不断调整自己的教育教学理念，努力用科学、先进的教育思想武装自己。

（二）始终遵循教师教育教学观发展阶段

教师教育教学观的形成可以分为四个阶段。

1. 浅层教育教学观念的形成：注意与习得

教师要想把外在的教育教学实践经验和教育教学理论变为自己的教育教学观，首先必须给予其有意识的关注，基于这种关注，教师才会对外在的教育教学实践经验和教育教学理论进行更深入的探索，进而做出初步采纳与否的决定。通常，教师会根据自身在教育教学过程中的经历感受外在教育教学实践经验和教育教学理论的优势。经过这一过程，教师对外在的教育教学实践经验和教育教学理论形成了自己的认知，这就是浅层教育学观念。

基于对外在教育教学实践经验和教育教学理论的关注，教师在自身既有经历或者理解的基础上形成浅层意义的教育教学观。在这一过程中，教师可能会遇到一些关键因素，即激发教师进一步领悟的兴致和动力。在这些关键因素的影响下，教师从自身出发，感悟和探究教育教学实践经验与教育教学理论，修正或完善自身既有的经验和认知，从而更新对教育教学的认知。

教师首先需要尽可能地形成适当的浅层意义上的教育教学观，这样有助于最终形成符合自身特点的教育教学观。每位教师都会基于自身的价值观和判断能力，对外在的教育教学实践经验和教育教学理论做出判断与取舍。因此，学校在为教师提供外在的教育教学实践经验和教育教学理论时，要保证教师最开始接触的观点就是科学的和积极的。

（1）向书本学习。第一，加强对教育经典著作的学习，不断增强自身的教育理论意识；第二，加强对新课程理论的学习，切实转变教育观念，不断适应时代教育形势发展的需要；第三，在学习中做到结合实际深入思考，并能利用理论来指导实践工作。

（2）向同行学习。向老教师学习，学习他们先进的教育教学管理经验。老教师在常年的教育教学实践中，积累了丰富的教育教学经验，这些经验是新教师学习的宝贵财富。坚持听课、说课和评课是教师业务上相互交流、相互学习的好机会。听课要认真，听课前自己要对所听课的内容、重难点及课标要求等内容了解清楚；听课时要做好记录，一是记录教师的教（组织能力、调控能力、教学机智、练习设计等），二是记录学生的学（情绪状态、参与状态、交往状态、思维状态等）。

（3）向实践学习。在浅层意义的教育教学观点形成阶段，教师的认识对象包括两个方面：一是外界的教育教学实践经验和教育教学理论；二是教师自己的教育教学经历。

学习社会生活相关的知识。教师和学生都身处社会生活的大环境中，学校教育是学生步入社会的基础，如果教师本身没有掌握足够的社会知识，又怎能教育出适合在社会中生存的学生呢？学生在接触社会的过程中，表现出承受能力弱、不自信、随机应变能力差的问题，说明他们在家庭因素和学习环境的影响下，心理的发育尚不成熟；性格特征表现出心绪不稳定，忽悲忽喜。当今社会，竞争激烈，科技日新月异，社会发展要求人们不断提高自身的心理素质。教师要在不断参与、接触、了解和融入社会的过程中，学习积累社会生存知识，不断提高自身纵观全局和顺应潮流的能力，培养出遇事从容不迫的学生。

教师实现教学艺术最根本的表现是学生喜欢听自己讲的课。因此，在教育教学上取得一定成就的教师，都会重视在学习的基础上进行的实践。教师除了要做到专业知识扎实之外，还应从课堂出发，围绕教材，在认真研究教材和教法的基础上，根据学生的学情，深入探索课堂教学实践活动；在教学过程中，记录课堂上的重要环节，做到用心、细心，把记录下来的有价值的细节、成功和失败点，一点一滴汇总成"教学案例分析"，以此进行积极的教学实践分析和改进。定期整理、汇总课堂实录中的教学环节和教学片段等，并以此和其他教师进行探讨与剖析，但探讨要避免过"空"过"大"，体现出能"实"则"灵"，进而不断地改进和完善实践中的教学方式方法，感受越来越完美的教育教学艺术。

这个阶段，教师对教育教学的实践是以自身为中心的思维方式，从哲学的视角来看，它是"以我观之"的认识，在认识的整个过程中处于最初阶段，也是形成成熟认知必不可少的阶段。因此，浅层意义教育教学观处于教师自身教育观形成的自发阶段。

2. 实践操作形态的个人教育教学观念的形成：认同与实践

基于浅层意义教育教学观的形成，对各类浅层意义的教育教学观，教师会做出判断，并对自身能力所及和适宜当前学情的浅层意义的教育教学观予以采纳并付诸实施。

教师形成的浅层意义教育教学观经过转化，被运用到教育教学的实践中。通常，浅层意义的教育教学观是笼统的语言符号系统，教师需要先将广泛的具有陈述性的知识转化成在特殊情境下使用的程序性和策略性知识，然后进行实际的、具体的行动。

（1）躬行实践。

躬行实践是教师专业发展的肥沃土壤。深深根植于实践的土壤，教师方可不断汲取营养。实践是检验真理的唯一标准。教师要将书本中的理论知识学以致用，需要从实践中消化和吸收，将其转化成自身教育教学理念的一部分；要使从他人处学习的经验模式为己所用，需要在实践中感悟和融合，最终形成个人特色的教学风格。躬行于教育实践，首先要了解学生，通过近距离地接触学生，熟悉学生的个性特点，把控学生成长的规律，制定出最适宜的教育实施策略；躬行于教育实践，教师要以课堂为中心，课堂是施教的主阵地，课堂实践的过程不仅可以提高教师的专业发展水平，还可以解答学生的各种问题，以课堂为中心，教师可以总结出最优的教学方法；躬行于教育实践，教师还应具备全局观，社会是个大熔炉，也是最全面的百科全书，教师可以通过对各类企事业单位、工厂车间、不同学生家庭情况的调研，掌握社会基本情况，开阔视野，提升能力。同时，教师可以鼓励学生积极参加社会实践，在实践中增加学生的知识储备、提升学生能力、培养良好素养。总之，教师的专业发展离不开实践这片沃土，实践是教师专业发展的源头活水，保证其发展可以源远流长。

（2）对教师的课堂教学进行评价。

评价教育教学实践的效果是评判教师的教学态度与行为积极与否最为关键的因素。

在教师教育教学的实践中，各方面要尽量多给予其正向的反馈，这有利于教师在不断剖析和探索的过程中充满兴趣、保持动力，从而加速其形成最终适合自身的教育教学观念；在这一过程中，对于教师的错误，指明的时候要尽量具体，除了指明具体行为的错误之外，还需要帮助教师反思这种行为错误的原因，最为重要的是与教师一起探究，确定正确的做法，这样的做法，指明了不正确做法的同时，教师认可了错误的原因并且知道了正确的做法，教师持续实践的主动性不会遭到打击，教师形成自身教育教学观的认知将步入正确的轨道。

3. 理论形态的个人教育教学观念的形成：组织与内化

学校应该要求教师对教学实践经验进行理论的归纳，这有助于推动教师形成更高层次的教育教学观。学校可在多方面为教师提升理论水平开创有利条件，如鼓励教师参加校本研修活动等。

（1）校本研修的含义。校本研修的主旨是学校教研、科研和培训的一体化。基于学校的预定目标和教师发展规划方向，为了实现校内教师专业发展的目标，主要依靠学校硬件条件和优势资源，以教师在教学工作中遇到的实际问题为抓手和切入点，把教师发展作为相互影响的一个整体，学校与教师首先进行自我反思，然后学校安排教育专家进行专业的指导，按阶段、分层次地设计、策划和实施一系列促进教师学习的活动过程。学习活动主要有教师培养、进修和以继续教育为主的教师教育以及以常规教学研究、科研和教育科研为主的教育研究。

（2）校本研修的内容。校本研修作为促进教师专业发展和教师继续教育的一种重要形式，其研修内容要与每一周期教师继续教育非学历研修教学计划的内容相协调统一。校本研修的基本内容应包括师德教育、教育教学观、新课程、新知识、新技术、新技能与地方课程开发等。其具体内容如下。

① 教育政策、法规、教师职业道德；②现代教育理论和人文社会科学知识；③现代学生身心发展和评价方法及班（队）工作；④教育科研方法及课题研究；⑤课程标准和教材及校本课程的研究与开发；⑥现代教育技术技能；⑦课堂设计与案例研究；⑧综合实践活动及实践反思；⑨教师职业理想与人生追求。

（3）校本研修的模式。校本研修的模式本着自主、灵活、开放、多元的原则，在注重立足校本资源开发和利用的同时，可"走出去、请进来"，注重吸纳校外资源并加以研究利用。

① 组织教师进行有针对性的有关教育教学理论的校本教研学习活动。聘请专家、学者、特级教师和优秀骨干教师进行除了学习中学教育学、中学心理学及中学教育心理学等学科知识之外，还必须学习新课程标准、当代国外教学理论、学生非智力因素的培养、自主学习的理论等现代教育教学理论。学习教育教学理论，目的就是总结教育经验，反思教学行为。通过学习，教师真正转变教学行为，切实解决教育教学中存在的突出问题和难点问题，提高自己的教育创新能力。

② 组织教师以观课、评课为主题的校本教研活动，以教师个人观评课、备课组集体观评课、教研组集体观评课形式进行。a. 完整地观一堂课，分析这堂课所蕴含的理念，总结课例所提供的教学策略；b. 把两堂同课题的课例进行模块分析，比较它们的教学设计、教学方法、教学风格及其达成的教学效果，评价它们的优缺点及对自己所产生的借鉴意义；c. 将网络上与自己公开课同名的课例进行对照分析，比较各自的教学目的、教材的处理、教学方法、练习的设计等方面的异同，并进行讨论，获得新的认识与感悟。

③ 组织开展人人小课题的校本教研活动。每位教师针对自己在日常教育教学中遇到的难题，通过校本教研和积极备课的体验，选择确立一个研究小课题，独立或合作研究。小课题要求选题小，富有现实性、时效性，研究周期为一学期或一学年，然后撰写、整理论文。课题研究主要围绕学校办学特色及教师个性发展以及在实施素质教育和新课程改革的过程中，对已立项的国家、

省、市、县级重点科研课题进行专题研究和探索。

④ 以骨干教师带动全体教研组教师的校本教研活动。学校要发挥自己的骨干教师作用，带动、指导年轻教师搞教改实验，在实验过程中帮助青年教师克服实际困难，积极探索，对他们取得的点滴成绩随时记载，总结经验，创造性地开展实验工作，指导青年教师撰写实验论文，向上级推荐优秀实验论文，使青年教师日渐成熟，让他们及时总结失败教训与成功经验，做教育教学工作的有心人，持续积累，不断提高。

在日常的教育教学活动中，教师可以采用这些方法进行理论水平、抽象能力的提升。严格意义的个人教育教学观的形成，是教师自身教育教学观点理论形态的组织与内化过程。在这个过程中，教师根据掌握的一些教育教学理论，把经历过的教学实践贯串起来，作为互相影响的整体看待，这些教学实践经验已不再是单独的教育教学现象。此时，教师对教育教学的认知达到了新的层次，即"以道观之"，教育教学规律的理论存在形式即为"道"。至此，教师的个人教育教学观发展到了高级阶段。

4. 教师个人教育教学风格的形成：迁移与创造

教师个人风格的形成标志着教师自身教育教学观进入了最高阶段。通过研究各种教育教学理论，伴随持续的教育教学实践活动，教师在实施多种教育教学方法和技能时，通过自身的创新能力的提升，表现出独具个性的教育教学特点和风采，这就是教师的个人教育教学风格。当教师具备迁移和创造能力时，这就标志着其个人教育教学风格的产生与成熟。

在个人教育教学观点形成的过程中，推动教师快速形成个人教育教学风格可以遵循学习理论的原理，采取以下几个方面的措施。

（1）利用案例教学传授教育教学理论。在教师初次接触某种教育教学理论或教育教学经验时，我们尽可能地以新颖的形式向教师呈现这种外在的刺激，以引起教师强烈的学习兴趣与学习动机，这将有利于教师对这种教育教学理论或教育教学经验的初始学习强度的增加，如案例教学。案例教学法是指通过对一个具体教育情境的描述，引导学生对这些特殊情境进行讨论的一种教学方法。在教师教育中，作为学习者的教师拥有丰富的教育教学实践的经验和惯用感性的思维方式。从这一特点出发，教师不妨突破惯用的"理论先行"的教学范式，让案例先于理论嵌入。生动的教育教学案例，更容易抓住学习者的注意力和学习兴趣。在此基础上，再相继引导分析案例的优劣成败，在分析过程中巧妙适时地跟进相关理论，此时恰当精要地进行理论讲授，势必让学习者俯首乐之。

（2）教师要掌握教育教学理论的精神实质。在指导教师对教育教学理论或教育教学经验的学习过程中，我们主要向教师强调的不是对某种教育教学理论内容的记忆或者对某种具体教育教学经验的模仿，而是教师对教育教学理论内涵或教育教学经验特点的理解。加强教育教学理论学习，让教师深入领会新课程的精神实质，树立与新课程相适应的课程理念、教学观、素质教育质量观。在教学中，教师建立以"学生发展为本"的教育观念，突出学生的主体性，培养学生的自主学习能力；重视学生基本观念、思维技能和实践能力的形成；注重学生需要、学习兴趣的培养，有效地促进了学生学习和人格的全面发展。现代学习型社会的建立，要求人的一生不断地获取新知识、新信息，优秀教师也只有在自身的发展过程中不断地吸纳先进的教育理念，保持教育理念的先进性，才能实现教育实践的科学性。

（3）要求和鼓励教师在其教育教学观念形成过程中进行自我反思。自我反思是促进教师提高教学水平的内在因素，既是支撑研训最基本的力量，又是校本教研活动中最常用的形式。"自我反思"就是教师对自身或他人的教学过程、教学行为、教学方法和教学结果进行审视与分析的过程，它包括发现问题和解决问题的过程，贯穿"教学前—教学中—教学后"整个教学过程。"自我反思"要减少盲目性、随意性，多运用整体性、专题性和对教学细节的反思。这有助于加快教师个人教育教学观念向高层次发展的步伐，实现由实践操作形态的个人教育教学观念向理论形态的个人教育教学观念直至教师个人教育教学风格的形成。

（4）给教师提供面对不同教育教学情境实施教育教学理论或学习教育教学经验的机会。教育活动本身是一种极具复杂性与创造性的实践活动。教师面对的永远是不同年龄、不同水平、不同性格的学生，在教学过程中，教师也会不断遇到新的问题、新的情境。也就是说，教育教学过程中的诸要素变化和发展永远是复杂的、不可预知的。为此，这就需要教师不断地设计、采用新的教学方案，创造性地处理教学中的细节问题，并在教学中不断地反思、调整自己的教学行为，如可以让教师带不同的年级班以及不同特点的班级，或者尽可能给教师提供对同一种教育教学理论在多种不同情况下运用的典型案例，可以促使教师思考某种教育教学理论的多样化运用或多种教育教学经验的共同特征。这样，教师有对某种教育教学理论或教育教学经验的多种可能性的认识与思考，更容易促发其个人教育教学观念的迁移与创造。

（5）充分利用教育博客。博客或网络日志是一种由个人管理、不定期发布新的文章、图片或影片的网页或联机日记，用来抒发情感或分享信息。它以沟通自由、技术门槛低等优势逐渐得到越来越多人的喜欢，博客群体也越来越庞大。教师博客研究作为一种新兴的研究形态，为教师的专业发展提供了新方法，它具有其他传统研究载体所无法比拟的明显优点，是促进教师专业化成长与发展的有效工具。

教育博客是教师用心灵书写属于自己的网络日志的方式。教师可以利用博客作为知识信息存储的工具，利用博客作为有效的反思工具，利用博客作为课题研究的工具，利用博客发布自己的成果，利用博客促进自身素质和能力的提高与发展。

教师特定的个人教育教学风格作为教师相应的个人教育教学观念形成的最高阶段，是在教师形成了理论形态的个人教育教学观念之后经过长期的实践、不断的反思等基础上才可能形成的。并且，个人教育教学风格的形成不但需要时间的历练、外在的支持与保障，而且更需要教师的主观努力。

（三）勇于创新，紧跟时代前行

教育事业是着眼于未来的事业，教育工作的性质与特点要求教师具备敏锐的职业感，紧跟时代前行。

作为一名新时代的教师，我们必须学会认识时代的特征，关心国内外大事，善于接受来自各方面尤其是教育和科技发展方面的信息，使自己思考问题，从事教育实践，具有时代的烙印。

1. 教师教育观念的现代化

教师教育观念的现代化包括：牢固树立社会主义核心价值观的文化观念，牢固树立以人民满意为目的的公平观念，牢固树立群众有序、广泛参与教育的治理观念，牢固树立驱动发展第一动力的创新观念，牢固树立建设具有中国特色、世界水平的教育质量观念。教育应使受教育者学会学习，即教育要使学习者学会认知、学会做事、学会共同生活和学会生存，也就是教育要培养完整的人，使之具有基础性学力、发展性学力与创造性学力。

2. 不断更新课堂教学观念

在课堂教学中，教师要以素质教育为目的，以素质教育的基本要求进行教育和教学，树立以学为主、以情施教、动态执教、以做为本的新理念，课堂是动态的、开放的，是属于学生的。

3. 改革创新，要具有中国特色

教师既要博采众长，汲取精神养料，又要有主心骨，不人云亦云；要坚持"古为今用"和"洋为中用"，结合自己的实际，尝试形成自己的教育教学特色。

教师要树立与素质教育和新课程改革相适应的育人为本、德育为先的教育观，尊重"两个规律"，因材施教，发展学生自主性的教学观、符合党的教育方针要求的人才观以及基本素质得到协调发展的质量观。现代教师要注意自身文化修养和道德修养的设计，既要"学会生存"，具有开拓创新意识和坚韧不拔的精神；又要"学会关心"，关心他人，关心国家，关心人类面临的共同生存问题，最终学会共同生活，以"为人师表"的姿态，将自己的道德、人格、情操、责任感及献身精神潜移默化地渗透到教育教学过程中，影响学生的终身发展。

三、教师教育教学观的实践

（一）坚持立德树人，有效促进学生的全面发展

坚持立德树人基本导向，本质要求是育人为本、德育为先、能力为重、全面发展，尽力为每个学生提供适合的教育，让每个学生都能成为有用之才。

（1）育人为本。教学不能离开教育。教学如果离开了教育，也就离开了学校教育的本质。从某种意义上讲，教学就是教育，教书必须回归育人的本质。坚持教书育人，教师不仅要有渊博的知识，还要有高尚的品德；不仅要精于教书，还要善于育人，对学生既有学业学术影响力，更有人格感召力，成为学生

为人处世的楷模；培养良好的师生关系，使师生心灵相通，学问相长。实施素质教育，要求教师有素质，做好学生的行为示范。教师的行为示范包括政治行为示范、思想行为示范、教育行为示范、道德行为示范、业务行为示范和日常生活行为示范等方面。也就是说，教师的政治态度、政治觉悟、政治品质、政治理论水平和政策水平，教师在从教活动和待人接物中的态度、情感、行为，教师在日常生活中的言谈、举止、仪表、文明、礼貌，等等，都对学生产生潜移默化的影响作用，广大教育工作者必须按照《中小学教师职业道德规范》的要求，坚持做到以身立教、以身示范。

（2）德育为先。学生各方面的发展不能离开道德教育。学生的发展如果离开了道德教育，教育也就失去了方向，失去了灵魂。习近平总书记多次强调，我们培养的学生是否合格，首要的是看思想政治上是否合格。这就要求我们教师要把社会主义核心价值体系融入教育全过程，把理想信念教育作为学生教育的重中之重，把弘扬以爱国主义为核心的民族精神和以改革创新为核心的时代精神作为重要内容，引导和教育学生自觉践行社会主义核心价值体系。教师要争做学生人生航程的启明灯，以德立身、以行立教，先做表率、后为人师；争做创新创造的引领人，培养学生的创新意识和创新思维，激发学生的创造潜能和创造活力，引导学生全面发展；争做至善至美的好园丁，把师爱贯穿到教育的全过程，用真言、真理、真行教化学生，用真情、真心、真诚感化学生。

（3）能力为重。教育以实现人的全面发展为终极目标。以人为本的教育发展观改变了传统教育只重知识传授，而忽视人的能力和人格培养的倾向，注重人的素质的提高、能力的培养、个性的发展以及人的创新能力和精神的培养。把德育、智育、体育、美育有机融合在教育活动的各个环节，教育学生不仅要学会知识，还要学会动手、学会动脑、学会生存、学会做事、学会做人；促进学生全面发展，优化学生知识结构，丰富学生社会实践，加强学生劳动教育，着力提高学生的学习能力、实践能力、创新能力，提高学生的综合素质。教师要研究学生，遵循学生的成长规律，提升教育教学专业化水平，坚持实践、反思、再实践、再反思，不断提高专业能力。

（4）全面发展。教育作为实现人的全面发展的重要途径，必须以学生为本，关注学生的全面发展、和谐发展、持续发展、终身发展和健康成长。在坚持德育为先的同时，要促进德育、智育、体育、美育有机融合，着力培养学生的社会责任感、创新精神和实践能力，提高学生的综合素质，将学生培养成一个在多方面适应社会、推动社会发展的完整的人，使之成为德智体美全面发展的社会主义建设者和接班人。

（二）遵循教育规律，创设适合学生的教育

1. 遵循教育基本规律，成为一个合格乃至优秀的"教育人"

只要教育活动存在，教育规律就要发挥作用。因此，教师对教育基本规律的认识、掌握并应用，应该是一个积极的、持续的过程，不仅在认识上要到位，而且在行动上要积极践行教育基本规律，成为一个合格乃至优秀的"教育人"。具体来讲，它包括两个基本层次：一是以科学认识为基础，积极实践教育的基本规律；二是用发展、变化的观点看待教育的基本规律。

2. 让学校成为学生成长的学习乐园

以育人为本、以学生为主体，就是要坚持一切为了学生，为了学生一切，为了一切学生。教师要充分发挥学生的主动性，尊重教育规律和学生身心发展规律，让人人可以成才的观念贯穿教育全过程、贯穿社会各行各业，着力培养我国现代化建设需要的各方面人才，特别是要高度重视培养拔尖创新人才，大幅提高教育培养创新人才的能力和水平。

3. 创设适合每个学生的教育

什么样的教育对学生来说是好的教育——适合。适合的才是最好的，学生喜欢的、能够接受的教育才是最好的教育。为此，我们提出了"创设适合每个学生的教育，成就每个孩子与众不同的精彩"的理念。适合每个学生的教育，就是要遵循教育规律，遵循学生成长规律。

（1）承认学生有差异。学生是有差异的，这是客观存在的。这种差异来自遗传与环境（包括教育）的相互作用。差异首先存在于个体之间，学生在发展的质与量、类别与类型、速度与程度等方面都存在着差异。差异还存在于个体自身，个体从出生之日起，在不同的阶段、不同的环境、不同的条件下都会引发个体不同的发展。就德智体美劳各育而言，每个学生的发展是不一样的。一名优秀的教师，他应从认识与把握学生的不同发展起点出发，进而关注学生发展的全过程，把握学生发展中自然显露出来的差异，抓住本质，因势利导，促进学生积极向上发展。

（2）教师要尊重学生的差异。差异本身就是一种教育资源，这是因为：一是差异意味着丰富，二是差异导致对话，三是差异引发评判和反思，四是差异构成了"小社会"。差异并不代表好坏、优劣，每一个学生都是独特的个体。教师只有尊重学生的差异，才能尊重学生的人格；只有做到公平公正地对待每一个学生，才能真正做到保障每一个学生的受教育权利，也才能真正做到面向全体学生，促进学生全面发展。心理学研究表明，人与人的差异不仅表现在先天遗传上有差别，还表现在其后天身心成长与智能发展上的差别，如感知上的分析与综合的不同、思维方式的场独立性与场依存性的差别、情感表达上的外显与内隐的区别、兴趣指向的差别、气质和性格等类型的差别等。而这些对于学生学习一门课程来讲是至关重要的。

（3）实施因人而教的个性化教学。教师需要做到教学有弹性，为不同类型、不同程度、不同层次的学生提供相应的教学目标、教学内容与教学方法，让学生的个性和特长得到最佳发展。

① 把学生分层次。在调查分析的基础上，教师要根据学生的智力因素和非智力因素的差异进行分类编组，将全班学生分成高、中、低三个层次，具体到哪个学生属于哪个层次，教师要心中有数，不宜向学生公开。

② 备课分层次。教师要根据教学内容、教学目的，采用不同的教学形式和教学方法；同一教学目的、教学内容，根据不同学生的接受能力，也要提出不同的教学要求，选择不同的教学方法，选择不同的提问方式；要精心设计问题，注意突出教学重点，突破教学难点，做到既要备教材，更要备学生。

③ 导学分层次。教师在指导学生时，应着眼于本班学生的实际情况，着眼于教材内容，对于不同层次的学生施以不同的指导方法。

④ 练习设计分层次。在教学实践中，教师要根据课程标准的要求，结合教学内容和学生实际，尽可能做到使全体学生都有适合自己水平的练习。

（三）不断强化学生学习动力系统

课堂学习动力系统是由与学习活动紧密关联的一系列的非认知因素，包括学习态度、情感、意志、性格等之间的相互作用、相互制约、相互联系而构成的相对独立的心理动力系统，分为内部动力系统和外部动力系统两个部分。

内部动力系统是指存在于人的主观意识中的、能推动个人从事学习活动的各种力量构成的有机整体，包括学习兴趣、爱好、需要、动机、理想、信念、意志等；而外部动力系统是指存在于个体外部，能够激发并推动个人学习活动的各种条件要素相互作用构成的一个整体，如学校的学习环境和气氛、社会对高素质人才的需要、对个人成功的期望、取得成绩的奖励政策、同学之间的激烈竞争等。其中，前者是推动学生认真学习的最重要的主导动力，后者是推动学生学习活动的必要条件，当外部动力通过一定的手段和途径内化为学生学习的内部动力时，就会形成强大的精神力量。

1. 教师启发和激励学生的重要性分析

学习动力是在学习需要的基础上产生的激发学习的各种能量，是制约学习效果的基本心理变量，更是学生在学习活动中发挥主体作用的关键所在。正是由于学习动力的作用，学生才能表现出渴望求知的迫切愿望、主动认真的学习态度和高涨的学习热情。激发与培养学生的学习动力成为学校教育的一项重要任务，正日益受到教育界的普遍关注。行为科学研究表明：人的积极性表现为一种态度、一种行为。而人的行为是由动机支配的，动机是推动人们进行活动的内部原动力。因此，教师要调动学生的学习积极性，重要的是启发和激励学生形成学习动力。中学的教育教学活动主体包括教师和学生，启发和激励学生要靠教师自觉、主动与富于创造性的劳动；而教师工作的积极性以及教学能力的提高又有赖于学生的全面成长与发展予以的激励。

2. 教师在教学中启发和激励学生，形成学习动力

如何启发和激励学生形成学习动力，不同的环境、不同的对象、不同的教学内容有不同的方法。一般来说，教师启发和激励学生形成学习动力主要有以下几种。

（1）利用学习需要激发学习动机，从而形成学习动力。马斯洛的需求层次理论的主要观点是：人是有需求的动物，其需求取决于他得到的东西，只有尚未满足的需求才能影响行为。教师在平时的教学中，要让学生有适度的忧患意识和危机感，要让学生不满足于现状，要让学生明白如果不继续努力学习并不断充实提高自己，就不能适应社会的发展，将来毕业后也不能在市场经济社会里找到自己合适的位置，也不可能得到充分的发展。

（2）优化课堂教学，激发学习兴趣，形成学习动力。课堂教学是实施学习动力教育的主渠道。课堂教学要立足于学生整体素质的全面发展，要在激发学生学习内在心理动力，促进学生生动活泼、主动学习方面下功夫，要形成以主动、质疑、创造为主旋律的课堂教学特色。在课堂教学过程中，教师要充分调动学生知、情、意的心理活动，把知识教育、动力教育、智能教育融为一体。具体来说，教师可以从以下几个方面来优化课堂教学。

一是要合理确定教学目标。新课程的教学目标包括知识与技能、过程与方法、情感态度与价值观，"情感"和"创造"是教学的本质。教师在目标确定上要更新观念，重视情感培养、态度转变和价值观教育，注重教学形式与学习内容的统一；要加强情感性教学，激发学习内驱力，增长学生的见识和能力，提高学生的人文素养，帮助他们增强学习的信心，在有效的学习活动中，培养学生对学习的持久热情。

二是要活化教学方法。启发式教学不是盲目激发学生的"好奇心"，而是通过揭示学生头脑中已有的知识和经验中的矛盾因素，促使学生主动地去寻找解决问题的途径。运用启发式教学的关键在于教师的善于引导。人们往往误认为启发式就是"问答式"，其实在实际教学中启发式的方法是多种多样的，如目的启发、问题启发、形象启发、比较启发等，其最终是为了达到最优的启发效果。在教学中怎样在学生有限知识的基础上，用大量典型的实例达到举一反三的效果，这正是启发式教学的用武之地。

三是要引导学生自主探究。在教学过程中，教师要引导、鼓励学生发现问题、勇于质疑和自主探究。教师在教学中要注重使用"发现""探究"式的教学方式，遵循产生问题意识—形成假说—整合资料—得出结论—验证结论—反思等实施步骤，培养学生内在的学习动机和兴趣。发挥学习的积极性、主动性和创造性。

四是要拓展延伸，积累情感。教师恰到好处的拓展和延伸，可以让课堂变得更加美妙，收到"画龙点睛"的效果。在教学过程中，教师要及时对知识内容进行系统化、条理化与层次化整理，提高学生掌握知识的组织程度和系统化程度；要让学生运用所学知识解决一些综合训练和实际问题，达到应用知识的目的，同时在运用知识解决问题的过程中，让学生可以体验到成功的喜悦和快乐。学习成功体验是产生学习动力的根本源泉，它能创造学习精力和学习效率上的奇迹，从而深化知、情、意的心理活动，形成学习动力。

3. 教师必须进行终身的学习

教师最重要的是教育思想、教育理念的创新，教师必须树立正确的教育观念，学习和了解先进的教育理念，把那些教育理念内化为自己的思想，只有如此，才能用先进的教育教学理念通过思想的内化来指导实践；有了理念的更新，才能创造新的教育方法，适应学习时代的要求。教师职业是一种以造就未来新一代人格为特点的职业。教师的良好人格对学生产生良好的影响，是形成学生人格的重要条件。教师要以人格塑造人格，为学生一生的发展奠基。

4. 采用国内外流行的自主学习策略

（1）支架式策略。

支架式教学也称"脚手架式教学"或"支撑点式教学"。支架原为建筑行业中的脚手架，支架式教学即被定义为学习者建构对知识的理解提供某种概念框架的教学。教师事先把复杂的学习任务加以分解，以便于把学习者的理解引向深入。支架式教学包括：支架揭示或给予线索、帮助学生在停滞时找到出路、通过提问帮助他们去诊断错误的原因并且发展修正的策略、激发学生达到任务所要求的目标的兴趣及指引学生的活动朝向预定目标等。通过这种"脚手架"的支撑作用，把学生的智力从一个水平提升到另一个新的更高水平，真正做到让教学走在发展的前面。

支架式策略组成步骤如下。

搭脚手架：围绕当前学习主题，建立概念框架。

进入情境：将学生引入一定的问题情境（概念框架中的某个层次）。

独立探索：让学生独立探索。探索内容包括确定与当前所学概念有关的各种属性，并将这些属性按其重要性顺序排列。在探索开始时，教师要先启发引导（如演示或介绍理解类似概念等），然后让学生自己去分析；探索过程中，教师要适当提示，帮助学生沿概念框架逐步攀升。起初的引导、帮助可以多一些，以后逐渐减少，最后争取做到无须教师引导，学生自己就能在概念框架中继续攀升。

协作学习：进行小组协商、讨论，在共享集体思维成果的基础上获得对当前所学概念比较全面、正确的理解，即最终完成对所学知识的意义建构。

效果评价：对学习效果的评价包括学生个人的自我评价和学习小组对个人的学习评价，评价内容包括自主学习能力、对小组协作学习所做出的贡献、是否完成对所学知识的意义建构等。

（2）抛锚式策略。

抛锚式策略是由温特比尔特认知与技术小组开发的，要求这种教学策略建立在有感染力的真实事件或真实问题的基础上。确定这类真实事件或问题的过程被形象地比喻为"抛锚"，因为一旦这类事件或问题被确定，整个教学内容和教学进程也就被确定（就像轮船被锚固定一样）。教学中使用的"锚"一般是有情节的故事，而且这些故事要设计得有助于教师和学生进行探索。在进行教学时，这些故事可作为宏观背景提供给师生。

抛锚式策略组成步骤如下。

创设情境：使学习能在和现实情况基本一致或相类似的情境中发生。

确定问题：在创设的情境中，选择与当前学习主题密切相关的真实性事件或问题作为学习的中心内容（让学生面临一个需要立即去解决的现实问题）。选出的事件或问题就是"锚"，这一环节的作用就是"抛锚"。

自主学习：不是由教师直接告诉学生应当如何去解决面临的问题，而是由教师向学生提供解决该问题的有关线索（如需要收集哪一类资料、从何处获取有关的信息资源以及现实中专家解决类似问题的探索过程等），并要特别注意发展学生的自主学习能力。

协作学习：讨论、交流，通过不同观点的交锋，补充、修正、加深每个学生对当前问题的理解。

效果评价：由于抛锚式教学要求学生解决现实问题，因此，学习过程就是解决问题的过程，即由该过程可以直接反映出学生的学习效果。教师对这种教学效果的评价往往不需要进行独立于教学过程的专门测验，只需在学习过程中随时观察并记录学生的表现即可。

（四）教师要积极参与校本研修

校本研修是指源于学校课程和整体规划的需要，由学校发起组织旨在满足个体教师工作需求的校内研修活动，它是以教师个体发展需要为出发点，以学校为研训场所的培训模式。其途径和方法如下。

第一，把培训和教研相结合，实现在学习中研修，在研修中学习。积极参加立足于岗位的大练兵工作，学校组织教师每周的业务学习，学习新课改的相关理论和成功实践案例、先进的教学理论和成功的教学范例等，为教师成长增加了新的推动力。

第二，搭建教师展示自我、提高自我的平台。教师要积极参加学校搭建的各种展示自我的平台，如展示教师的教改和研修成果，学校根据学习的实际情况，开展"青年教师汇报课""一课多讲""骨干教师引领课"等多个平台，促进教师互相交流和学习。

第三，观课、议课活动。积极参加学校组织的教师学习观课、议课理论，参加由教育专家、校长、副校长、中层干部组织的观课、议课活动，实现教师自身在平等氛围中和专家、领导交流教学的得失，提高教师课改的积极性。

第四，实现教学问题科研化，科研问题教学化。在教育专家的引领下，确立研究课题，无论是现代教学的基本原则还是现代教学的新观念——学生观、教学观、评价观、质量观，都广泛涉猎，勇于探索。参加研究教学，在课堂中实验和收集资料，在研究中思考教育教学问题，实现研究和教学工作的互相促进。

总之，每位教师都可通过营造素质教育氛围，学习教育科学理论，创新教育教学方法，在教育教学实践中践行现代教育教学观，以使自身的教育教学的态度与行为符合《中学教师专业标准（试行）》的要求，逐步提升自身的专业水平。

第五章

教师专业化发展与教师成长探析

第一节 教师专业化的提出与发展

一、教师专业化的相关知识

(一) 教师专业化的界定

"化"，按《辞海》解释，是"表示转变成某种性质或状态"，这里包含过程和性质的含义。关于专业化有两层含义：一是指一个普通职业群体逐渐符合专业标准，成为专门职业并获得相应的专业地位的过程；二是指一个职业群体的专业性质和发展状态处于什么情况与水平。目前，教育理论界对专业化所持的普遍观点是：教师专业化是指教师个体专业水平提高的过程以及教师群体为提高教师职业的专业地位而进行努力的过程，前者是指教师个体专业化，后者是指教师职业专业化。教师个体专业化与教师职业专业化共同构成了教师专业化。

教师专业化有下列几个含义：①教师的专业性中包含了学科和教育，教师必须达到国家要求的学历才能任职，同时也要具备相应的职业道德、教育能力和知识；②国家设有专门的教育措施、机构和内容服务于教师教育；③国家制定了相关的制度来管理和认证教师的资格与教育机构；④教师专业需要实现可持续发展，教师专业化也是如此，这个过程是需要进一步深化的。从本质上来看，教师专业化是不断成长和进步的。

教师专业化在当前有了进一步的发展，人们也由此转变了研究视角，从原本的群体专业化逐渐向个体教师专业化转变，重点突出"教师专业发展"所具备的意义。但站在广义的层面上看，"教师专业化"与"教师专业发展"都代表着教师专业性不断提高的过程，二者在概念上是基本一致的。

（二）教师的专业标准解读

要将职业发展成专业，就要做到以下几点。

（1）运用专门的知识与技能：指的是专业人员所依靠这套专门的知识和技能体系是完整的，也被称为专业知能。

（2）强调服务的理念和职业伦理：指的是专业道德包含了服务和奉献两个方面。这是一个大家都会遵循的伦理标准，专业道德是指对自我行为进行约束，保证自己可以承担责任、具备职业操守和满足社会需求。

（3）经过长期的培养与训练：只有经过长期的专业训练，不断养成，才能成为一个成熟的专业。

（4）不断地学习进修：专业的职业生涯往往要持续几十年，而社会的不断发展常常会给专业带来全新的挑战，只有经常学习进修，才能保证专业知识可以紧跟时代的步伐，才能与社会发展接轨。

（5）享有有效的专业自治：当一个专业有了一定的社会地位，其专长与社会需求重叠时，说明它已经构建出了极其复杂且专业化的科学知识体系，外行人员是无法承担与专业人员相同的工作的，这时就形成了专业自治。这些专业人员所处的行业培训标准可以由他们来制定，并且从一定程度上影响国家对这一职业的规范与法律。

（6）形成坚强的专业团体：一种工作若是已经有了坚强的专业团体，就说明它已经很专业了。例如，一些协会、学会等由专业成员发起的需要一定入会资格的民间组织，这些专业团体的构成都是专业人员，他们会进行自我管理，并且认可个人成就。它一方面可以确立专业人员的专业地位，实现个人利益的维护；另一方面可以制定相关的规定与章程，保障人员的权利与义务，让个人和团体不断提高责任感，共同维护大家的利益。

（三）教师专业化的重要意义

在当前这个知识经济大爆炸的社会，教师的发展随着不断改革的教育有了更重大的意义。知识经济的基础是知识，静态的知识已经不能满足人类在当前的经济生活，所以我们要及时创新知识。人类与生俱来就带有创造性，从当下的教育发展中可以看出，教师早就成了教育的实践者、研究者、思想者和创新者，而不再只作为教育的执行者。从专业发展的角度看，时代已经开始重视教

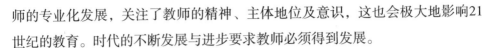

师的专业化发展，关注了教师的精神、主体地位及意识，这也会极大地影响21世纪的教育。时代的不断发展与进步要求教师必须得到发展。

1. 提高教育质量的关键

振兴国家和民族的希望在于教育，振兴教育的希望在于教师，这已成为人们的共识。如果不去关注教师的专业化发展，那么教育就无法实现改革和发展。这不仅是教师本身对教育活动所发挥出的重要作用，还是人们从各种教育实践中总结出来的经验。例如，美国在20世纪80年代初出现了首次教育改革浪潮，此次改革的重点是让基础教育拥有了更好的质量，突破口选定为课程，但教师的专业发展和参与程度却并没有得到此次改革的重视，所以，这次教育改革并没有取得成功。因此，美国在这次失败的改革之后转移了重心，开始重点关注教师的专业化发展，用教师的发展来带动基础教育的进步。于是，在20世纪80年代，美国的教育改革浪潮又接连进行了两次，而教育改革都将重点放在了对教师的教育上。这也对其他国家产生了极大的震动与影响。现在有很多国家都有一个共识：要想提高教育质量，就必须通过教师发展教育，二者是相互结合、不可分割的。

2. 教育改革的原动力

所有教育改革方案的最终落脚点都是一个个教育活动。教师是作为支配者出现在教育活动中的，改革能否成功受到教师素质这个因素的影响。教师在实施改革方案的过程中，其具备的创新精神、思想观念、能力素质和自身的态度以及对改革的理解程度，不仅会让教师有选择性，还会让教师有主观能动性，这表明教师的能力素质和教育改革有着一定的联系。当教育改革是自上而下进行时，其动力基本都是政府出台的政策和命令，其中并不涉及教师的专业发展和能力素质，所以就会在实践中得不到教师的支持，导致改革无法进行。而教师的专业发展才应该是教育改革的动力来源，这才是充满生命力的，持续不断的专业发展会让教师充满变革意识，同时也能提高其相应的创新能力，而且会为了改革充满奉献的精神。

我国当下所进行的基础教育新课程改革正处于实质性阶段，但目前仍有很多中小学教师没有适应这次改革。造成这种现象的原因有很多，但最关键的一个原因就是教师对于课程改革所发挥出的作用没有得到人们的重视。有些地区并没有按照新课程改革的要求进行，忽视了教师的参与度，只注重新课程的推行，并没有及时为教师开展相应的新课程培训，或者只是做做表面功夫。这让新课程的推行只能原地踏步。因此，我们要马上从误区中走出来，要意识到教育改革的动力源于教师的发展，并且应及时、全面地对教师的新课程教学、理念及评价进行培训，以此来实现新课程的改革。

3. 教师自身幸福的源泉

教师这份职业是很有幸福感的。这份幸福感是教师能够从教育工作中体验到幸福，然后在不断努力奋斗之后达到自己的职业目标，通过自身的不断发展让自我产生愉悦感和满足感。教师的幸福既和自身的生活质量息息相关，还关系到了教师能否提升教育质量、能否从教书匠逐渐迈向教育家、能否顺利推进教育改革等。有不少方面都能够展现出教师的幸福感，如学生的成长与成才，教师对学生的无限关怀，教师无怨无悔地将自己投身于教育事业中，还有工作带给教师的满足感和成就感以及教师的专业发展等。教师能力的不断提升也是其幸福感的来源。教师在追求、向往和理解幸福感的过程中，都可以让主体能力得到发展。因此，教师幸福与教师发展是紧密相连的。

4. 学生发展的前提

从发展来看，教师和学生是不可分割的。若是从教师的层面来讲，学生发展可以有效地促进教师发展，因为学生发展为教师带来了不少的发展机会。所以，教师要好好把握住这些机会，实现教与学的共同发展。若是从学生的层面来讲，学生的发展依赖于教师的发展。教师的悉心培养和耐心教导帮助学生实现了发展，学生的发展不能脱离教师的发展，否则就失去了发展的土壤。

二、教师专业化的发展历程与最新进展

（一）教师专业化的发展历程

教师专业化从教师成为专门职业的那一刻起已有300多年历史。教师职业也在这段历史中实现了从无到有，并且渐渐地从"半专业"或"准专业"过渡到了专业化。

1. 教师专业化的无意识期

早在奴隶社会，劳动分工就有了脑力劳动和体力劳动的不同分工形式；文

字的出现让教育慢慢脱离于体力劳动，同时也出现了学校这个教育机构。教师这个职业就是因为学校的出现而诞生的。之前由于落后的社会生产力和不发达的经济水平导致教育得不到发展。因此，教师职业并不能作为主业而是作为副业存在的。这时的教师都是兼职教师，这些人只是具备了一些知识和经验，并没有接受过专业的培训，就更不用说学习系统的教育教学理论了。

到了文艺复兴时期，欧洲开始流行举办各种群众性学校，如职业学校、初等中学以及国民小学等，欧洲的双轨学校制就是由它们和学术性学校（演变自古典文科中学和中世纪大学）一同组成的。在这个大环境下，教育发展已经不能只依靠兼职教师了，由此便诞生了专职教师。

2. 教师专业化的准备期

在出现专职教师之后，就要将针对教师的职业培训提上日程。于是，不少国家为了培养出符合需求的教师，都成立了专门的师范学校。

第一所师资培训学校诞生于1681年，其创办者是法国基督教兄弟会神父拉萨尔。教师养成所则是德国于1695年在哈雷创立的。到了18世纪中下叶，有部分资本主义国家开始推行初等义务教育，教育科学化运动不仅得到了教育实践界的支持，也得到了教育理论界的支持，开始构建出现代教学体系，教育理论也实现了发展，同时推动了师范教育理论的进步。教师在这个大环境下逐渐脱离于其他行业，自成一派，也有了自己的特征。同时，师范学校开始陆续出现在欧美各个国家。德国于1765年创立了首个公立师范学校。法国于1795年在巴黎成立了师范学校。俄国政府于1779年成立了莫斯科大学，附设师范学堂，随后独立师范学堂在1804年成立于彼得堡。师资培训体系开始逐渐正规化、系统化，这意味着实现了教师专业化，并且在学校教育中有了教育学这门科学。

19世纪末，义务教育的年限被不少国家延长，教育阶段从初等延伸到了初中，这不仅意味着需要更多的教师，也对教师的专业素质和学历提出了更高的要求。因此，原本由师范学校培养师资的单一培养模式已经不适用，师资的培养要由师范学院和综合大学一起完成，以往的师范学校制度也无法再跟上时代的脚步。

20世纪后，不少发达国家的师范学校教育都从中等教育水平逐渐过渡到了高等教育，也由以往的师范学院的单一培养模式逐渐转变为综合大学的本科教育，再加上大学毕业之后的教师教育课程培训，教师的教育体制也慢慢演变为教育学学士、硕士和博士。

在教师专业化的历史中，一个里程碑式的发展就是中等师范教育逐渐过渡到高等师范教育，这标志着很多发达国家的教师教育都从低层次走向了高层次。

20世纪70年代之后，不少国家都认为教师职业应该是一门特别的专业，教师身份和类型也应该随之转变，由之前的实践者和技工型转变为职业者和职业型。

不过总的来讲，国家仍需在教师的专业化程度上做出努力，教师这个专业相比于律师和医生等专业还处于"半专业"状态，或是"正在形成中的专业"，教师职业在当前的状态是"正在向着专业化迈进"。

3. 教师专业化的发展期

教师的需求量到了20世纪60年代中期之后有了下降，这是因为人口出生率降低了。此外，公众开始质疑教育质量，由此也批评起教师教育。因此，这时的重点就由教师的"量"转变为对教师"质"的提升，也由此开始重点关注教师素质，全世界都在为教师专业化而努力。

"教师地位之政府间特别会议"是国际劳工组织和联合国教科文组织于1966年在法国巴黎联合召开的，《关于教师地位的建议》就是在这次会议上通过的，教师的工作性质在这里第一次得到了官方的界定，同时也明确提出了教师职业的专业化。文件提出："教育工作应视为专门职业。这种职业是一种要求教员具备经过严格而持续不断的研究，才能获得并维持专业知识及专门技能的公共业务；它要求对所辖学生的教育和福利具有个人的及共同的责任感。"

从宏观来看，教师专业化不仅意味着教师职业要形成自己的培养体制，还要具备属于自身的职业条件，并且有配套的管理措施，其中主要包括国家要求的学历标准以及相应的教育知识、能力和职业道德等。

从微观来看，用固定的模式将技能、知识和道德灌输给学生这种传统的教育教学方式只是教师教育工作的一部分，教师还要了解不同学生的特点，选择最适合学生的教育教学方式，让学生得到真正的发展，从而实现既定的教育目标。

20世纪80年代以来，教师专业化已经成为一种强劲的思潮，具有不可逆转的发展趋势，显示出了强大的生命力，影响着世界各国教师教育的发展。

1980年6月16日，美国《时代周刊》刊载了一篇题为《救命！教师不会教！》的文章，广泛引起了社会公众对教师质量的担忧。一场以提高教师素质、促进教师专业发展为核心的教育改革运动的序幕就此拉开。

1980年出版的以"教师专业发展"为主题的《世界教育年鉴》中指出，教师专业化必须分清楚两个层次：提高教师社会地位和待遇的专业化以及提高教师教学水平和扩展教师个人知识技能的专业化。

1986年5月，美国卡内基教育和经济论坛工作组发表题为《国家为培养21世纪的教师做准备》的报告，建议重建教师队伍。同年，霍姆斯小组发表题为《明天的教师》的重要报告，提出以教师的专业性作为教师教育改革和教师职业发展的目标。

1989—1992年，经济合作与发展组织（OECD）相继发表了一系列有关教师及教师专业化改革的研究报告，如《教师培训》《学校质量》《今日之教师》《教师质量》等。

1996年，联合国教科文组织召开的第45届国际教育大会提出："在提高教师地位的整体政策中，专业化是最有前途的中长期策略。"

当前，世界各国都把教师专业化看作教师培训的出发点和归宿，是教师教育改革的核心，是当前世界教师教育所共同面临的一个重要问题。

（二）教师专业化的最新进展

各个国家为了实现专业化和一体化的教师教育，都不约而同地采取了各种教育行政措施。要想让教师的职前培养充分结合之后的职后进修，就要用大学化教师教育的方式来提升教师的整体素质。

1.改革教师职前培养

（1）教师教育课程设置合理化。要提高教育专业类课程所占的比例，并在教师教育中强化教育专业课程所发挥的作用，让教育实践的机会和时间都得到增加，着重训练教师教育的相关技能，特别是一些需要依靠现代教育技术才能实现的技能。不少发达国家在当下都会将最新的科技和文化成果加入教师教育课程中，不断提升普通基础课所处的地位。教师职前培养的专业化就是从这些课程设置中展现出来的。

（2）教师教育开放化。教师职前培养模式已经由开放式代替了封闭式，非定向型代替了定向型，而且出现了三个演进阶段，即经验模仿——元封闭—多元开放，教师教育专业化也从"两级分离"慢慢过渡到"三环合一"，会在职前进行培养、入职后进行教育和提高。封闭型的高等师范教育体制也被美国、法国、德国、英国、日本、新加坡等国进行了改革，中小学师资培养中包含了师范院校、综合性大学、教育学院、非师范类院校，让教师教育体制变得更加开放和多元化，也让教师培养越来越专业化。在开放式的教师教育代替了原有的封闭式教师教育之后，师资培养不再只由师范院校进行，而是在其中加入了综合性大学。

2. 改革教师进修制度

（1）广开进修渠道。日本的教师进修工作既有各级高等院校参与，还有民间教育社团，这些社团多达500个，全国性和地方性的都有。而英国的教师在职进修工作几乎囊括了全部的教育研究所和高等教育机构。

（2）进修目标多元化。英国一般有下列五种教师进修课程：①补习课程，主要针对那些学历不达标的教师；②高级研修文凭课程，主要针对那些教龄在3～5年的合格教师；③教育学士学位课程，主要针对那些毕业于师范院校的中小学教师；④教育硕士学位课程，主要针对中小学教师；⑤短期课程，主要针对那些遇到教育教学实际问题的教师。

（3）进修方式多元化。其主要体现在以下三个方面：一是要有充满弹性的进修计划，进修可分为两种，即正规进修和非正规进修，进修教师要从自身实际出发选择适合自己的进修方式。二是不严格要求进修时间，在职进修、半脱产进修、脱产进修都是可以的，进修教师要依据自身情况进行选择。三是提供丰富的进修方式，如面授、实验研究、小组研讨活动、函授、个人专题研究、教学方法示范交流、调查访问、考察观摩等。

（4）教师教育大学化。20世纪90年代之后，西方发达国家特别是欧洲国家都开始追求教师教育大学化，这不只是一个口号，更是教师教育专业化发展提出的条件，其根本就是要让教师教育成为大学教育学院中的一门专业。如果大学没有教育学院，那么在教师教育大学化的要求下就要建立教育学院；如果大学已经建立了教育学院，那么就要转变以往的制度功能，即保证教师教育制度实现多层次结构，有更多的项目。在高等教育中明确教师教育所处的地位，为教师学位赋予新的理念；既要让教育理论家和教师教育者与教育学院及文理学院之间的矛盾得到解决，也要让教师教育大学化与教师教育研究、教师证书与执照之间的关系得到正确处理。

只有在高等教育中给予教师教育相应的学科地位，才能实现教师教育的大学化，才能建立起与教师教育相符合的学术制度。其中，主要有建立教师教育研究会、成立大学教师教育研究机构、建设教师教育课程、建立教师教育的学位制度、创立教师教育杂志、培养教师教育的硕士和博士人才等。

第二节　教师专业化成长的规律分析

从20世纪60年代开始，教育界大力关注教师专业发展的阶段性特征，研究者逐渐从不同视角对教师专业发展的过程、阶段及其规律进行研究，涌现出了许多教师专业发展的阶段理论。各种理论的核心都是围绕着教师在贯穿终身的专业发展过程中所经历的不同阶段及特点而进行的讨论，其目的都是探索教师成长的规律，帮助教师更清楚地了解及应对不同阶段的特点，做到有的放矢，更顺利地解决每一阶段中出现的问题和新情况，实现自身更好、更快的发展。

一、教师专业化发展阶段的理论研究

（一）国外教师专业发展阶段的理论研究

1. 福勒的教师教学关注阶段论

教师专业发展阶段的研究，始于美国学者福勒所进行的教师职前"关注探究"。福勒指出，一名教师的成熟发展必须经过四个阶段。

（1）任教前关注阶段。教师的主体是在校的师范生，他们在这一时期仍然自认为是学生的身份。他们在实践教学经验较少的情况下只关注自己，甚至敌意地看待为他们上课的教师。在这一阶段，他们仅仅想象自己作为教师的角色。

（2）早期关注生存阶段。这个阶段，师范生首次接触教学实践，自己的生存问题是他们主要关注的。因此，他们会对自己控制课堂的情况和他人评价比较关注，压力非常大。

（3）关注教学情境阶段。教学情境中的限制和诸多问题，开始成为教师关注的问题，他们会考虑学校是否将他们教学的相应条件和资源提供给自己。但自己的教学表现仍然是他们关注的中心。

（4）关注学生发展阶段。这个阶段，他们已经有灵活应对的能力，开始关注学生的需求与发展。经过了前三个阶段，他们已经对自己的工作任务和教学情境十分适应。所以，他们拥有余力关注学生的学习成果和心理。但许多教师可能从来没有进入过第四阶段。

福勒研究教师关注阶段的成果，使人们了解到教师的成长过程是按照递进的形式发展的，教师的关注点在不同的发展阶段会有所变化。

2. 费斯勒的教师生涯发展循环论

该研究由美国学者费斯勒提出。所谓循环，即认为教师的发展轨迹并非一种直线式的阶段模式，而是一种具有可循环、可重生的发展系统。教师的发展是个人环境（家庭影响、成长经历、重要事件、个人气质和个体经验等）、组织环境（学校自然环境、人际环境、专业组织机构、管理风格和社会期望等）和生涯环境（职业引导、能力建立、职业热情、生涯挫折等）相互影响与作用的结果。费斯勒将教师专业发展划分为八个阶段。

（1）职前准备阶段。特定角色准备期，接受师资培训阶段。

（2）入职阶段。初任教师的前几年，教师要实现教育系统社会化，并学会做教学日常工作，努力寻求学生、同事、学校领导的认同。

（3）形成能力阶段。教师努力增进教学技巧和能力，设法求得新的教学材料、方法和策略；易接受新的教育观念，积极参加专业学习。

（4）热心和成长阶段。教师继续追求专业成长，热爱教育工作，热心教学改革。

（5）职业受挫阶段。教师对教学产生挫折、倦怠和幻灭，工作满足感逐渐下降，怀疑自己为什么要选择教师的工作。

（6）稳定和停止阶段。在此阶段，教师缺乏进取心、敷衍塞责，只做分内事，不会主动追求优秀。

（7）职业泄劲阶段。在此阶段，教师准备离开教学工作；怀着愉快的或苦涩的心情离开。

（8）职业生涯结束阶段。在此阶段，教师退休、自愿性离职或随意地中止工作。

费斯勒的教师生涯发展循环论对教师发展的阶段描述进行了一个较为完整的纵贯教师生涯的理论架构。更为突出的是，费斯勒借用社会学的研究方法，将教师的发展回归到教师的现实世界中去。总之，费斯勒的教师生涯发展循环论无论是对于完整的教师生涯进行规划，还是依据教师各个发展阶段对其提供辅助支援，都具有重要的理论参考价值。

3. 斯德菲的教师生涯发展论

美国学者斯德菲以自我实现理论为依据，提出教师的发展分为五个阶段。从人的自我需要的视角分析，每一名教师都希望成为好教师，都有被肯定评价、实现自身价值的需要。

（1）预备生涯阶段。此阶段，教师主要为新任职的教师或重新任职的教师。前者需要三年的时间，才能进展到下一阶段，后者会很快超越此阶段。此阶段的教师具有理想主义、有活力、富创意、接纳新观念、积极进取、努力向上等特点。

（2）专家生涯阶段。此阶段，教师具有所任教科目的多方面能力、知识和态度，也拥有多方面的信息。此阶段的教师的特点：具有较高水平的教学能力和技巧；有较高的透视力，可随时掌握学生的动态，并对学生有较高的期望值；能激发自我潜能，达到自我实现。

（3）退缩生涯阶段。此阶段又可分为三个小阶段：初期的退缩、持续的退缩和深度退缩。初期的退缩阶段：教师很少致力于教学改革，教学内容年年重复，所教学生表现平平，个性表现固执、沉默、随波逐流。如果适时支持和鼓励，又会恢复到专家生涯阶段。持续的退缩阶段：教师表现出明显的倦怠感，经常批评学校、家长、教育行政部门，甚至表现好的教师。他们抗拒改革，个性也变得消极，或独来独往，或喋喋不休，人际关系不和谐。深度退缩阶段：教师表现出教学上的无力感，甚至有时会伤害学生。但有些教师本人并不认为自己有这些缺点，具有强烈的自卫和防范心理。学校很难处理这一阶段的教师，通常是让教师暂时转岗或离开教师职业。

（4）更新生涯阶段。此阶段，教师在开始出现厌烦的征兆时，就采取较为积极的对应措施，如参加研讨会、进修学习或加入教师组织等。由于采取措施得当，这部分教师就会出现主动致力于吸纳新知识，重新振奋起来，重新回到追求专业成长的状态——预备生涯阶段。但此时他们更成熟、更有针对性。

（5）退出生涯阶段——离开教师岗位。由于已经到了退休年龄，教师必须离开教学岗位。一些教师开始安度晚年，而一些教师则可以继续追求生涯的第二春天。

斯德菲的教师生涯阶段模式非常清楚地反映了教师专业发展的特点，尤其是其中的更新生涯阶段，弥补了费斯勒的教师生涯发展循环论中的不足，即当教师处于发展的低潮时，如果外界给予适时、适当的帮助与支持，教师是有可能度过低潮期而继续追求专业成长的。

总之，教师成为教育教学的专业人员，要经历一个从不成熟到成熟并贯穿职业生涯终身提高的发展过程。这一专业发展的过程会随其在不同阶段的发展在专业信念、教学关注以及课堂教学行为等方面体现出不同的特征。这些不同的变化特征的研究为教师的专业发展提供了理论依据。

（二）国内教师专业发展阶段的理论研究

1. 我国台湾学者饶见维的研究

1996年，饶见维出版专著《教育专业发展——理论与实务》，他根据教师专业发展的特性和目标，提出理想的教师专业发展进程为三个阶段六个时期。

（1）职前师资培育阶段，包括探索期（大学一年级前，探索教师的工作性质，试探是否符合自己的性向）、奠基期（大学一年级至大学四年级，奠定成为教师所需的基本素养）。

（2）初任教师导入阶段，包括适应期（任教第一年，求适应、求生存）、发奋期（任教二至四年，大量学习以求尽快成为胜任教师）。

（3）胜任教师精进阶段，包括创新期（任教5~9年，不断自我创新和检讨）、统整期（任教10年以上，统整与建构，逐渐走向专业成熟的境界）。

2. 吴康宁教授的研究

南京师范大学教育科学学院教授吴康宁将教师专业化过程分为预期专业社会化与继续专业社会化两个阶段。

3. 傅道春教授的研究

山东交通学院土木工程学院副院长傅道春将教师的职业成熟期分为角色

转变期、开始适应期和成长期三个时期。

教师专业发展不是一个简单的、线性的递进过程，而是一个螺旋上升的前进过程。因此，结合我国的教育现实，我们尝试将教师专业发展划分为职前阶段、入门阶段、胜任阶段、熟练阶段和专家阶段五个阶段。

二、中学教师成长的一般阶段

（一）职前阶段

职前阶段，即师范生的专业化阶段，是教师角色的储备期，这一时期的教师专业发展主要是教师专业素质的养成。

职前教师专业发展的途径主要是通过在教师教育院校的学习来完成的，教师教育院校是培养师资的正式机构。目前，世界高等教师培养机构的设置存在三种类型：①综合大学、文理学院等高等院校；②独立存在的师范院校；③独立存在的教师教育机构，综合大学与文理大学也参与培养师资。我国教师教育机构以独立设置的师范院校为主体，师范院校包括中等师范院校、师范专科学校、师范学院（师范大学）以及少数综合大学的教育学院。因职前教育学历的不同而决定其培训的年限也有所不同。

（二）入门阶段

入门阶段指新教师从受聘上岗到转正前这一段时期所接受的指导和训练。这是新教师过渡、体验、培养责任感和使命感、更快融入学校文化系统扮演职业角色的重要环节。

初任教师的入门阶段在教师整个专业发展过程中的地位非常重要。其具体表现为：①初任教师在入门阶段的发展直接影响着他们是否会继续留在教师岗位；②初任教师在入门阶段的发展影响着他们未来将会成为什么样的教师；③入门阶段是初任教师步入成长期的起始阶段。因此，重视入门阶段的教师教育对于教师专业成长具有重要的意义。

（三）胜任阶段

许多教师在感受到教学经验积累的充实和实践成功的喜悦后，都能够胜任教师职业，但也有一些教师无法达到这个水平。通常来说，教师大多工作三四年就可以胜任：①他们能在课前对教学内容进行有意识的选择，了解教学重难点，对课堂中的教学方式和教学计划有制订能力；②这些教师在授课时能够带领学生对重难点进行轻松掌握，对课堂中学生的听课实际情况，也能够很好地分析，对课堂教学情况加以掌握；③他们会不断反思自己以更好地掌握课堂。这样，教师就能够以更高的责任感和热情投入教学中，教学效果也会有所提升。

（四）熟练阶段

一部分教师在工作5年后会达到相对熟练的教学水平。这时，对他们的教学效果起主要作用的是教师的直觉。他们已经能通过直觉感受教学情境，教学经验十分丰富，所以，他们对教学情境的相似性也能够很好地掌握，同时加以判断分析，提前预测新的教学情境，而且他们预测的准确性和明晰性也在经验的积累中不断提高。

（五）专家阶段

教师发展到最高级阶段，即进入专家阶段。许多教师都能达到熟练水平，但很少有人能发展到专家水平。这个阶段，教师能够通过直觉把握教学，并能很好地驾驭教学。此外，他们还能够对年轻教师加以指导和鼓舞，引领年轻教师成长。

三、教师专业成长的影响因素

对教师专业成长的众多因素的正确认识和对其专业发展基本策略的积极探究与促进，能够很好地推动教师的专业成长。

教师专业成长这项工程是系统而复杂的，这项结果由内、外因共同作用得来。学校、家庭和社会这样的客观因素与教师的主观因素都会影响他们的专业成长，而主观因素是关键性因素。只有将内外部各个因素的关系进行良好处理，才能推动教师的良性成长。

（一）自身因素

教师本身决定着他们的专业成长。所以，教师自身专业成长的内在因素是教师本人的结构特征。此外，对教师专业发展影响的因素还包括个体因素，这是最根本、最直接且最主要的因素。在一定程度上，教师自身决定着他们的专业成长，也是对他们专业发展的关键影响因素。这些因素包括能力素养、知识结构、从业动机与态度、教育信念和专业发展需求与意识等。

1. 教育信念

教育信念来源于教师理解教育工作本质等情况，教育信念会对教师的教育行为加以指导，是一种精神追求和思想观念。在教师的专业结构中，教育信念处于最高地位，对教师专业结构中的其他要素起统筹作用。从本质上来看，教育训练指的是社会对教师知识结构中教育要求的体现，也是一种理性或感性的教师对自己教学效果与能力的知觉。可以说，它的形成是教师个体的人性观和教育教学理论素养互相作用带来的，主要在学生观、教师观和教学效能感上体现。教学效能感包括个人教学效能感和一般教育效能感，指的是教师主观判断自己对学生学习效果与活动的影响力。教学效能感的社会时代性十分鲜明，能够对教师认识其教学工作的意义产生直接影响，进而对他们的工作情感和情绪甚至心理特征、行为倾向产生影响，对教师职业特点和地位作用的总体看法的根本观点就是教师观。教师看待自己教育对象的方法是学生观。教师的人性观体现在学生观和教师观中。积极的人性观能够带来良好的学生观和教师观。目前，我国中小学教师的积极人性观是将学习引导者、促进者、合作者作为主要的教师角色，并充满期望地看待学生的个性、品德、特长和智能等方面的发展。

2. 知识结构

使教师职业与其他职业的经验和理论系统产生差别的是专业知识。教师专业发展存在于知识结构的深度、广度和创造性方面。教师专业发展状态和水平深受知识拓展水平的影响。

除了被明确规范和科学实证基础深厚的显性知识之外，教师个体的知识结构还存在隐性知识，包括个人的和在某些背景中使用或产生而没有明确表达的知识。除了个人的直觉、体验和洞察之外，隐性知识向显性知识的转化还受个人分享和表达欲望的影响。要解决这一问题，我们可以使用探讨教育个案、集体开发校本课程、研究教师行动等方法和策略。

3. 能力素养

教师能力包括两个方面：专业特殊能力和智力。教师专业特殊能力包括两个层次：一是教学组织能力、语言表达能力、环境适应能力、课堂注意力、时间支配能力等直接联系于教师教学实践的特殊能力；二是有助于推动教师认识教学实践的教育科研能力。中学教师能否对自己的日常教学活动进行独立主动

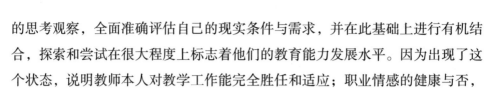

的思考观察，全面准确评估自己的现实条件与需求，并在此基础上进行有机结合，探索和尝试在很大程度上标志着他们的教育能力发展水平。因为出现了这个状态，说明教师本人对教学工作能完全胜任和适应；职业情感的健康与否，直接体现在教师的抱负水平和专业发展需求上，如价值感和满足感等。

4. 从业动机与态度

如果说个体从事某一职业活动的潜质受知识和技能影响，那么个人是否愿意在这类活动中发挥潜力则受个人从业动机的影响。动机是为追求特定目标实现而满足需求的意识。兴趣、需求、抱负和价值观都是引起动机的内在条件；教师的工作兴趣能够带给他们在教育活动中的积极意识。教育活动的整个过程都能激发教师的兴趣，兴趣的稳定会带来教师对职业的热爱，因此教师价值观念的作用就更加长久和广泛。理想是最高度的价值观念的概括，教育理想会对教师的动机体系产生直接影响；行动方向受教师价值观念和兴趣的影响，达成目标的程度受抱负水准的影响。抱负水准是一种心理需求，是主体想要将工作做到某种标准的体现。他们会在超出预期的工作结果中产生成功感。过去失败的经验、社会期待、有影响力的人物和个人成就意识是制约抱负水准的三种固定因素，其中最重要的是教师个人成就意识的作用。

5. 专业发展需求与意识

专业发展需求与意识指的是教师对专业标准和从业者要求的了解，对自己专业发展方向和目标的清晰认识与规划，对自己从事职业的专门职业性质的认同和对自己专业结构主观愿望的主动更新。教师专业发展需求和意识体现在规划未来专业发展、认识当前专业发展状态水平和过去专业发展过程三个方面。专业发展需求与意识，从本质上来看，意味着教师不仅能对自己和外部世界的关系加以把握，还能将自身发展当作实践来对自己的内部世界能力进行构建；是自我控制能力和独立自我意识形成的标志，代表着个体完全主宰自我的发展。

在整个专业结构中，上述的教师专业发展结构也有各自的定位，教师的"自我定位器"是专业发展需求与意识，"精神领袖"是教师的教育信念，"职业劳动管理器"和个人组织者是教师的从业动机与态度，专业发展的保障与基础是教师专业知识、专业发展的核心内涵，也是教师的能力素养。各大要素之间相辅相成，联系紧密，相互制约，且以动态变化的状态存在于教师专业发展的过程中，赋予教师专业结构的可变性和复杂性。

（二）外部因素

事物发展的依据是内因，条件是外因。也就是说，教师自身因素决定着他们的专业成长，但也不能忽视外部环境的影响。因为教师会在特定的社会环境中进行专业发展。因此，我们十分有必要分析外部环境中的影响因素。社会因素、学校因素和家庭因素是外部环境因素的主要内容。

1. 社会因素

影响教师专业成长的社会环境因素，包括社会认识看待教育与教师的地位和价值的方法、社会经济文化发展水平、教育经济制度法规、学校教育和教师受到教育改革与发展的要求等。可以说，在经济发展水平良好、政府重视教育、社会尊重教育、改革推动教育等的良好政策导向下，教师将会获得更好的专业发展环境空间。

2. 学校因素

教师教育工作的场所主要是学校，这也是教师专业成长的主要场所。教师的专业发展在很大程度上受到学校人际环境、工作氛围、制度建设、自然环境和文化环境等的影响。教师专业成长水平直接受到学校设定的工作氛围、对教师的要求、对教师基本职责是否明确、是否帮助教师制定目标规划等方面的影响。

3. 家庭因素

教师的专业成长也受到其家庭经济实力、支持度和文化背景等因素的影响。

第三节 教师专业化发展的模式构建

一、教师专业化发展模式的建构内容

教师专业化发展是教师自身专业技术特征发展的基本要求，也是职业发展政策和教育管理制度相结合的产物。从理论和实践来看，我国学校教师专业化发展模式的建构内容主要包括以下七个方面。

（1）促进教师构建博而精的学科知识体系。21世纪需要复合型人才，教师的知识结构直接影响教育教学质量，这就要求教师首先成为复合型人才。教师博而精的学科知识体系是教师的从教之本，是教师队伍专业化发展水平的重要指标，也是学校人才培养质量提升的关键性因素。因此，在学校发展中必须注重厘清思路，多想办法，通过逐步提高教师队伍的学科知识水平，促进其博而精的学科知识体系构建，进而提高教师的专业化发展水平。

（2）促进教师树立与时俱进的现代化教学观念。现代化的教学观念是教师专业化发展的重要内容。在教学活动中，教师不仅要实现教学内容的理论化、课程结构的综合化，还要求教学方法的创新化、教学手段的多样化，这是摆在教师面前的重要课题。21世纪是信息化社会，以互联网技术为传播媒体的现代远程教育广泛普及，教师必须树立现代化教学观念，有效利用现代远程技术与方法，充分利用互联网丰富的信息资源，合理安排教学计划，选择并补充恰当的教学内容，适时更新教学观念。

（3）加强教师自我专业发展的能力培养。教师的自我专业发展要求教师注重培养良好的自我专业发展意识，自觉承担专业发展的责任。从具体过程来看，要加强教师自我专业发展能力，就要激励教师加强自我更新知识的观念，促进教师通过一系列的活动，包括教师的自我反思以及自我专业发展方向调控等，推动教师不断加强自我专业发展的内在动力，提升教师自我专业发展能力。教育管理部门和学校也要采取有效措施来加强教师专业发展能力培养，不断丰富教师自我专业发展的思路与途径，进一步推动广大教师加强教学实践能力，促进教师加强自我专业发展的反思，提升专业化发展水平。

（4）形成教师学习和反思策略。学习和反思策略的形成，需要教师在日常教学活动中注重思考，更需要教师在实践中加强教育教学技能的自我学习。优化自我学习方式既可以使教师通过在教学过程中开展教学交流、加强听课学习等活动，促进教师取长补短；又可以使教师从中反思并积极探索解决教育实践中的一系列问题，辩证地获取和创新策略，不断改进自己的教育教学方法。经验学习也是提升教师专业化能力的一个重要方面。此外，教师应加强教育科研方面的自我学习，通过教育科研来促进教师专业化发展。

（5）建立教师培训体系。教师培训体系是促进教师专业化发展的一种有效策略。培训体系的构建，能让教师充分了解教师专业实践知识和教师自身需求，发掘学校和教师的潜力，促进二者协调发展。当今世界各国政府都十分重视建立科学合理的教师培训体系，通过加强教师培训并促进其制度化和系列化，进而提高教师的专业素质，促进教师专业化的发展。学校教师培训体系在建立的过程中，要注重形式的灵活性，如教师培训方式可以采取定期与不定期的培训方式，既有学历教育培训，也有非学历培训；既有短期培训，也有长期进修；既有校内与校外相结合的培训，也注重国外的经验引进与联合培训。

（6）严格实行教师资格制度，建立教师职业标准。完善教师专业化发展模式，还要注重建立科学的教师职业标准。现行的《中华人民共和国教师法》明确规定了学校教师聘用的基本条件，如思想道德要求、学历要求、教育教学能力要求等。其目的之一是从制度上抬高学校教师的准入门槛，严把教师准入关。教师资格制度只是教师入职的一个参考因素，在教育实践过程中，还要考虑制定教师职业标准，使教师的考核评估工作切实做到科学、合理、准确，同时注重公开、公平、公正的原则，为全面推行真正意义上的教师专业化发展提供可靠的依据。

（7）完善促进教师专业化发展的法律法规。有力地推动教师向专业化发展，还需要有一定的法律法规作为行动指南，以法律法规来协调教育管理部门、学校以及教师等主体之间的关系。因此在教师专业化发展体系的建设中，还必须适时地制定或修订有关教师教育教学的政策法规、教师专业化发展制度与方法的法规，结合依法办学、依法治校来促进教师的专业化发展。

二、我国学校教师专业化发展模式的构建策略

我国教师专业化发展模式是一个涉及多元化、多层面、多主体的模式，其构建策略主要包括以下三个方面。

（一）加强制度创新，构建符合我国教师专业化发展的制度体系

第一，加强管理制度建设。教师专业化发展是教师自身职业的专业技术特征与相关教育管理制度相结合的必然结果，要在政策和制度体系建设上花大力气、下大功夫，为学校教师专业化发展奠定科学基础。教师专业化发展的制度体系建设，应围绕教师专业化发展的多个维度，包括教师任用、教师培养、教师继续教育等方面来展开。

第二，完善和改进学校教师聘用制度。在教师聘用方面，学校既要落实贯彻国家关于教师聘用的相关法规制度，也要注重教师聘用制与激励机制的有效结合，还要注重引进优胜劣汰的激励竞争机制，以适应经济社会发展对教育改革的根本要求。在教师聘用制度方面，也要建立严格的教师考核评估制度，以便对教师的教育教学水平和已具有的专业技能有更为全面的了解，最终通过完善和改进学校教师聘用制度，增强教师考核评价的科学性和合理性。此外，教师聘用制度必须坚持公开、公平、公正的原则，确实为学校的发展选拔坚实可靠的师资力量。

第三，加强与完善教师的继续教育和进修制度。教师专业化发展要求加强教师的继续教育和进修制度，包括适时地制定或修订关于学校教师继续教育的政策法规，依法促进学校教师不断提升继续教育能力，以促进日常教学工作水平的不断提升。近年来，我国很多地区都建立了教师继续教育及进修制度，如教师暑期提高班、师范大学举办的教师技能培训、相关组织举办的教师各种进修和学术会议等，这些都对教师的继续教育能力提升起到了较大的促进作用，因此需要各地进一步保持并积极探索更加丰富、有效的途径。

第四，加大理论与制度创新力度，有力地促进教师专业化发展制度体系的构建。其具体要做好以下几个方面的工作：一是要加强教师专业化的理论创新。理论创新是制度创新的前提。理论创新必须致力于提升我国教育实践创新经验，并切实指导我国教师专业化发展实践。二是要加强制度经验借鉴与应用创新。我们可以借鉴发达国家教师专业化发展的一些制度化经验，如国外有教师专业化自主发展管理制度、教师专业化发展机构认证制度、教师专业化课程认可制度等。我们有必要将国外这些有关教师专业化发展的制度加以甄别，并与我国学校教育发展的实际情况相结合，注重合理引进并进行本地化改造。

（二）落实学校主体责任，构建多元化和开放式的教师教育体系

制度体系是学校教师专业化发展的外在条件，而制度能否得到有效执行，需要学校进一步落实主体责任，构建多元化、开放式的教师教育体系。其具体来说，要注重做好以下几个方面。

第一，落实学校的主体责任。学校在改革发展进程中，从学校领导到一般教职工都要明确学校的主体责任，切实清晰教师专业化发展的重要作用，并积极投身于教师专业化发展的相关工作中。

第二，营造适合教师专业化发展的学校文化。学校文化的一个成熟表现是教师群体拥有一种共同的教育理念，包括先进的教育观、学生观和教育活动观。学校文化在很大程度上影响着教师的思想发展，制约着教师的教育教学行为，也影响到教师的专业化发展。构建适合教师专业化发展的文化环境，可以让教师走出孤立、超越纯粹的个人反思，获得组织认同和专业发展的选择性提升。

第三，加强多元评价。受到利益主体多元化的影响，教师的专业化发展评价也不能采用单一主体模式，应综合考虑多元利益主体的参与作用，从多主体立场上展开评价，并进行综合评定。多元化评价也更能体现对教师专业化发展的人文关怀，更能体现评价的科学性和发展性。

第四，建立恰当的沟通机制。学校要加强沟通机制的建立，进一步围绕人才培养需要建立完善的信息反馈渠道，通过畅通的信息渠道适时跟踪教学质量信息，了解教师专业化发展状况，形成外部检查与内部反馈以及教师自我反思相结合的沟通机制。建立沟通机制的目的也是致力于每所学校都能够帮助教师在其教育生活过程中通过沟通和商谈，寻求理解，形成互助与合作关系，促进学校与教师之间、教师相互之间以及师生之间的相互理解，最终实现教育的功能，促进学校的内涵发展。

（三）培养教师自主发展意识，加强教师专业化发展的内在动力

第一，教师的自主发展意识对教师专业化发展起着重要作用。教师自主专业发展意识是教师在教学活动过程中所应该具备的基本认识之一，是促进教师专业化发展的重要推动力。教师自主发展意识推动教师对过去的发展过程进行必要的反思，并对目前的专业化发展水平进行自我评估，同时促进教师对以后可能达到的专业化发展水平进行展望。从具体内容来看，教师的自主专业发展意识的含义比较广泛，一是包括教师对专业化发展经历过程的认知；二是包括教师对自身专业发展状态与水平的一种认识；三是包括教师对自己未来专业化发展的规划认识。

第二，培养教师自主发展意识，增强教师对专业化发展的实践反思。教师自主发展意识能促进教师对教学实践活动进行反思，在很大程度上决定了教师专业化成长与发展的水平。通过专业化发展实践，促进教师加强对教学活动和教学过程的思考，加强教学决策和教学参与行为，并对教育活动行为进行有效的审视分析。对专业化发展实践问题进行反思也是一种教育实践活动，有助于形成一种开放的、和谐的、合作的学校教师反思文化，这对形成教师的专业化发展的文化氛围起着重要作用。此外，自主发展意识所强调的教育实践反思，不仅是促进教师专业化发展的手段，也是教师专业化发展目标所要求的重要内容，是教师实现专业化发展的必由之路。

第四节 教师专业化成长的途径探索

教师专业化成长是指教师个体通过学习和实践，由不成熟教师而逐渐发展为成熟教师、骨干教师再到教学教育名师的专业化发展过程。教师专业发展的空间是无限的，成熟是相对的，而发展是永恒的。有关教师专业发展阶段的理论研究表明：教师专业发展是一个复杂、多层次的过程，在这个过程中会经历不同的阶段。在不同的发展阶段，其发展的内涵是多层面和多领域的。一个教师由准教师→新教师→成熟教师→骨干教师→专家名师，不是一朝一夕的事情，而是需要长期的累积和实践锻炼。在教师专业成长过程中，我们如果能够遵循教师专业成长规律，引领中小学教师的专业成长，这对于教师的专业成长无疑具有重要的推动作用。

一、新教师的专业成长途径

新教师指的是获得教师资格证并从事教学工作1～3年的教师，包括从师范院校招录的和非师范院校招录的新教师。新教师时期通常被称为"求生存"阶段，这一阶段是教师专业成长的关键期，它的突出特点是"骤变与适应"。处于这一阶段的新教师要比其他教师面临更多的困扰。美国教育家休伯曼认为：开始任教的1～3年是教师处于极为关键的"求生存和发展期"，在这3年间，新教师由于缺少必备的教学经验，当面对困难时，不免会怀疑自己能否胜任此挑战，不可避免地面临理论与教学现实中的种种落差。

新教师专业发展面临着各种挑战：熟悉教材、熟悉学生，熟悉同行、熟悉学校环境等；备课、上课、辅导、管理学生，适应所在学校的教育教学方面的常规要求、教学改革等。

新教师所面临的问题，综合起来有如下三点：一是课堂教学与班级管理的问题；二是处理人际关系方面的问题；三是对学校文化的适应。因此，入门阶段新教师专业化的目标和任务：一是学习和掌握教师规范与要求，尽快熟悉教材、教法；二是熟悉工作岗位的教育教学环境，尽快融入学校中，尽早成为所在学校的一分子；三是认真参加学校有关针对新教师的各项培训活动，提高自身的教育教学能力，早日实现由预备教师到合格教师的转变。

对于教师整个专业发展阶段而言，新教师的专业化在整个发展阶段是一个重要的时期，也是教师生涯发展最困难的时期，有的学者称之为教师专业化阶段的"生存期"。因为这个时期的发展不仅关系到教师能否获得通行证，顺利站稳讲台，成为合格的教师，而且其所形成的教育理念和教学模式将极大地影响他们日后的教师专业发展。

相比较而言，新教师在整个教师成长过程中，其发展的优势是年富力强，可塑性大；精力旺盛，对未来的生活充满幻想；积极上进，好胜心强；生活简单，有更多的时间和精力投入工作中去。其不足是缺少教育教学经验，教育教学能力不足，心理脆弱，易受打击。因此，这一阶段的新教师的专业发展对策，一是新教师的自我发展对策；二是学校对新教师的入职教育。

（一）新教师的自我发展对策

1. 新教师的自我心理发展

（1）新教师对自己要面对的工作环境，要有一个充分的心理准备，对可能遇到的困难有一个充分的预想，对工作中可能出现的问题有一个预设的解决方案。

（2）对教师工作的特点有一个正确的认识，那就是"教育工作是一件繁重、复杂的工作"，要尽力去做，但要做到尽善尽美，则需要时间和过程。教育工作需要极大的耐心和毅力。

（3）对自己的评价要一分为二，学会给自己鼓劲，树立自信心是非常重要的。

2. 多听课，向同行学习

新教师通过听课，既可以了解他人，又可以通过比较来了解自己。因此，新教师听同行的课，不仅可以向他人学习，还可以通过了解他人，对自己的教学情况有一个正确的评价，这样有利于树立自信心。新教师尤其要多听老教师的课，虚心向老教师学习，并提出自身教学不足的有效对策。

（二）学校对新教师的入职教育

入职教育是指新教师从受聘上岗到转正前这一段时期所接受的指导和训练。入职教育是新教师过渡、体验、培养责任感和使命感，更快进入学校文化系统所扮演职业角色的重要环节。因此，学校方面的入职教育对新教师的专业成长起着重要的作用。

（1）加强对新教师特点与需求的系统研究。学校方面要对新教师的发展有一个合理的预估与期望，即教师成熟需要的时间和需要的过程；要充分认识到新教师的发展优势，并有效地运用其优势，形成新教师内在的发展动力是非常重要的。

（2）真正把新教师的入职教育作为整个教师教育的一个重要环节来抓。学校要建立教师职后培养的教育机制，形成教师发展的有序系列，并把新教师入门阶段的培训与整个教师专业发展的目标结合起来。

（3）加强对指导教师的培训，并为其提供好的工作条件与待遇。

（4）主动联系上级教师发展中心，参与新教师的入职教育活动。

（5）在为新教师提供帮助、辅导的基础上，鼓励新教师的专业自我成长。要认识到对新教师的培养，更多的是给予精神上的鼓励，帮助他们克服心理上的畏惧情绪。对新教师的工作，以鼓励肯定为主；对新教师的评价，应多看新教师的发展前景和潜在的发展空间。

二、在职阶段的教师专业成长途径

新教师通过一年的试用期，成为一名正式的、合格的教师。此时的新教师经过入门阶段的探索和实践，初步具备了从事教育教学活动的能力，能够独立地完成教育教学活动。

从整个教师专业成长过程来看，教师的职前培养为教师专业发展奠定了一定的知识和技能基础，入职指导为新教师的个性成熟和能力适应起到了调节与推动的作用，而在职教育向来被认为是教师专业发展最为关键的环节。因此，如何在把握在职教师成长需求的基础上，通过在职教育来有效引领中小学教师的专业发展，是教师教育领域亟须破解的一项重要难题。

（一）在职教师专业成长的正确看待

（1）在职教师的专业成长需要时间。教师专业的特点决定了教师成长需要较长的时间。教育情境的不确定性及教育对象的复杂性、多样性等，都决定了教师职业对教师能力的发展有着特殊的要求，而一个人能力的发展、成熟则需要较长时间的历练。

（2）教师的专业成长并不是一个随着时间的积累其专业素质就自然发展演变的过程。教师入职之后，仍然面临着专业发展的课题。教师在由合格教师到胜任教师乃至成为专家型教师的专业发展过程中，既需要教师个人的主观努力，同时也要有客观条件的支持。教师成长需要主客观因素相互促进，形成合力，共同促进教师发展。其中，在影响教师专业成长的因素中，教师教学反思能力的形成是关键要素。实践证明：在一个教师职业生涯发展中，如果教师对自己所从事的教育活动不进行认真的思考，不善于总结经验教训，那么他的发展可能永远处于合格教师阶段，发展的空间及水平也是有限的。

（二）在职教师专业发展的目标分析

（1）继续促进教师各种专业能力的提高。在职教师的专业能力包括教师的教育教学能力、教师的教育研究能力、教师的自我提高和自我教育能力、教师的交流和合作能力等。

（2）不断学习，不断更新教育理念，不断地改善、拓展自身的知识结构。

（3）不断改进教学方法。在教学中、生活中能愉快胜任，形成教育智慧及个人教学风格。

（4）不断完善教师人格。树立远大理想，并形成终身献身教育的意愿与精神，成为一名卓越的中小学教师。

（三）在职教师专业成长的有效途径

1.合理规划个人职业生涯

教师的专业成长是一个终生的、整体的、全面的、可持续的过程，它涉及个人、组织、外在环境等错综复杂的因素。教师要善于分析和审视各种因素，并学会据此制定个人专业发展规划。教师只有具备规划职业生涯的能力，才能合理地确定专业发展的目标，调控专业化发展的进程。科学合理的规划应该建立在科学理论的基础之上。因此，教师首先要学习教师专业发展的一般理论，建立专业责任感，特别要尽可能多地学习、了解有关教师专业发展阶段的理论，明确自己在发展过程中所处的阶段和地位，对自己的专业发展保持一种自觉状态，及时调整自己的专业发展目标及发展策略，努力达到理想的专业发展水平。

制定教师个人专业发展规划的方法和程序是：自我认识和评估（认识自我及所处时间与空间环境）—分析相关资料，审视发展机会—确定专业发展目标与行动策略—按目标逐步执行—评价发展规划。当专业发展活动陆续展开与完成之后，教师还需要对活动的效果进行评价，了解是否达到了预定的目标，在发展中是否有不理想、欠周到的地方，然后可以针对问题和不足加以反思，并设法改善与补救。教师通过对每一个步骤与目标实现状况进行相关评价，对活动过程进行及时的审视，不失时机地加以调整和修正，这样才能获得最适合的专业发展规划，使专业发展目标更有效地达成。

教师的专业发展规划有多种形式，按照时间的长短，可以是长期规划（10年左右）、中期规划（3~5年）和短期计划（年度计划、月计划和周计划）。短期计划日积月累，则达成长期计划。

千里之行，始于足下。人的发展是一个长期的过程，教师平时的工作复杂且烦琐，但在看似平常的教育工作中，积累着教育教学经验、促进着专业能力的提高及专业情意的成熟，进而形成教育智慧。

2. 积极参加在职学习与培训

在职学习与培训是教师更新、补充知识、技巧和能力的有效途径，可以为教师的专业发展提供机会。

目前，中学教师的在职培训主要围绕新课程的实施而展开。培训的内容包括：通识性培训，即以《基础教育课程改革纲要（试行）》解读为主要内容，提高受训者的思想认识，更新受训者观念，从而加深对新课程的改革目标及其教育理念理解的培训；学科性培训，主要是以新课程标准的解读为主要内容，结合新教材，以教师实施新课程为目标的研修型培训。

按照受训者获取培训信息的途径的不同，培训的形式主要有案例分析式、课堂观摩式、自修反思式、研训一体式、沙龙研讨式、专题讲座式、师徒结对式、校际合作、网络交流式等，特别要提倡教学观摩与理论研讨相结合的方式。参加教师培训对于提高其专业化水平具有重要的作用。

3. 不断进行教学反思

教学反思被认为是教师专业发展和自我成长的核心因素。它是教师以自己的教学活动过程为思考对象来对自己所做出的行为、决策以及由此所产生的结果进行审视和分析的过程，是一种通过提高参与者的自我觉察水平来促进能力发展的途径。反思不是简单的教学经验的总结，不是一般意义上的回顾，而是思考、反省、探索和解决教育教学过程中存在的问题，它是伴随整个教学过程的监视、分析和解决问题的活动。另外，这里所说的反思与通常所说的静坐冥想式的反思不同，它往往不是一个人独处放松和回忆漫想，而是一种需要认真思索乃至极大努力的过程，常常需要与其他教师进行专业合作。

反思可分为教学前、教学中、教学后反思。教学前反思具有预测性，使教学成为一种自觉的行为，有助于提高教师的分析能力；教学中反思具有调控性，使教学成为一种多向的互动，有助于提高教师的应变能力；教学后反思具有批判性，使教学成为一种理性的评价，有助于提高教师的总结能力。

没有教师对自我专业发展过程的反思，就难以实现教师的自我专业发展。教师要发挥教学反思的作用需注意以下两点。

首先，教师应保证对自己专业发展的反思不被遗忘。为此，第一，教师的自我反思可以安排在固定的时间，使反思经常化和制度化。在反思的内容上，教师可以根据自己的专业发展规划，将目前的教师发展内容和所达到的水平与序列中相应专业发展时期的发展内容和水平相比较，找出较弱的方面，而后重新规划予以补救。第二，教师还需要对隐含于自己日常专业行为背后的教育信念予以澄清，尽量避免由于不恰当的信念或观念阻碍专业发展。第三，教师还可以建立自我剖析档案或绘制自我专业发展剖析图，以便更好地了解自己专业发展的变化和进步情况，并采取相关措施。

其次，教师在自我反思的过程中还要注意记录关键事件，经常与自我保持专业对话。经常记录自己认为对自己专业化影响较大的关键事件，不仅可以为事后回顾、反思自己的专业发展历程提供基本的原始素材，而且叙述过程本身就是对自己过去的教学经历予以归纳、概括、反思、评价和再理解的过程。在这一过程中，教师可以更为清晰地看到自我成长的轨迹和内在的专业结构的发展过程，进而为更好地实行专业发展的自控和调节奠定基础。对关键事件的记录也是发掘其对自我专业发展的价值和意义的过程，因为任何事件本身是无法呈现自身的"意义"的，只有在事后的反思中才能断定它的"关键"。这一过程也是个人向自我呈现关键事件、与自我进行专业发展对话、提高自我专业发展意识以及今后对日常专业生活中关键事件的敏感性的过程，对教师个人后续的专业发展有着重要意义。当然，学校也可以组织专门的活动让教师相互交流个人的关键事件记录，达到对自我专业发展的再反思和相互促进提高的目的。

中小学教师进行教学反思可以采取如下形式：①教育叙事，在自我反思的基础上，教师用自己熟悉的言语方式来表达和叙述教育教学所发生的真实事情的一种文体写作；②反思日记，包括工作中的经历，与他人的对话，深度的感触、期望等；③反思随笔，随时记录自己的教育教学灵感；④理论学习，与名师对话，与名著对话，撰写学习心得体会；⑤微型教学，录像观课；⑥相互观摩，同行听课观摩，相互交换意见；⑦对话研讨，举办研讨会、沙龙等；⑧建立档案和教师专业发展档案袋。

4. 积极开展教育研究

目前，人们对教师职业的专业性认同程度不高的原因既有主观方面的，也有客观方面的。从主观上来说，历来有一种看法，认为"学者即良师"，只要有知识、有学问就可以做教师，没有意识到一名合格的教师不仅要有知识和学问，还要有与教师职业相应的品格和技能，要有对教育规律和儿童成长规律的深刻认识，要有不断思考与改进教育工作的意识和能力；从客观上来说，因为它的专业化程度还没有达到与律师、医生、会计等职业同样的程度。但随着教师职业专业化程度的不断提高，必然要求教师不仅具有扎实的学科基础，而且要有教师职业的独特品格和能力。其中，教师教育科学研究的意识和能力是非常重要的一个方面。另外，教师教育科学研究的意识和研究能力又是推进教师职业专业化的有力保证。正是在这个意义上，我们强调，教育科学研究能力是专家型教师区别于一般教师的根本所在，开展教育科研是教师专业发展的重要途径。

新课程的基本理念之一就是使教师成为研究者。这一理念的出发点就是让教师通过参与教育研究来提高专业素质、促进自身的专业发展。在研究中，教师可以将理论与实践有机结合，更好地理解课堂教学和改善教育实践，不断扩展自己的专业知识和能力。

中学教师开展教学研究要立足学校的教学实践，坚持以校为本的原则。一是在选题上要针对教学实践中的突出问题，选择切实可行、具有操作性的问题，尽量避免理论性太强，脱离教学实际的题目；二是在研究方法上侧重教师的教育行动研究，要针对教师教学实践中的实际问题，探索改进教育教学实效性的方法和途径；三是要充分发挥教研组的群体作用，如针对教学中师生反映的一些实际问题，由教研组全体成员参与，利用集体教研的时间进行说课、上课、评课、撰写反思，找到一些行之有效的方法，解决教学中的难题。

5. 积极参与课程改革

教师参与课程改革与教师专业成长密切相关。教师专业发展是课程改革的重要支撑，而课程改革也为教师专业发展提供机会并促进教师的专业发展。首先，课程改革为教师专业发展提供了动力源泉。它激发了教师实现自身专业发展的强烈动机，并通过课程"范式转换"对教师提出了新的要求，推动教师在课程改革的过程中积极参与，进而提升自身专业形象和专业素养。其次，课程改革为教师专业发展提供了新途径。尤其是校本课程的开发，能增强教师对学校课程的归属感，提高教师的工作责任感和成功感，使教师对教学工作有更多的投入，有更多的思考和尝试，并促进教师专业发展不断迈上新台阶。

6. 保持开放的态度，加强合作交流

有人把教师的职业描述为一种孤独的职业。这种描述是不正确的，但在传统的教师专业生活中，确实存在不仅与学生有隔离，还经常与学校中的其他教师相隔离的现象。

教师专业发展需要教师保持开放的心态，随时更新教育理念和专业知识。为此，教师要充分发掘、利用各种可利用的有助于自我专业发展的资源，要突破目前普遍存在的教师彼此孤立与封闭的现象，学会与同事、同行进行专业合作和交流。首先，教师要加强学科内部同行之间的交流，如参加研讨会和观摩活动等，特别值得重视的是，在网络环境优化的条件下，通过局域网或互联网

开展的交流合作活动明显具有高效便捷的优势，如利用QQ群、微信群、BBS论坛的优势，吸引教师参与。这种交流不仅有利于教师自身开阔专业视野，丰富专业内涵，而且对他们了解各地的教育、教学及教研动态也是极为有益的。